物《もの》の怪《け》と龍神さんが教えてくれた大事なこと

霊能者でもない私はなぜこんな本を書くのか、ということについての少し長い「まえがき」

〝気配〟がひしひしと迫る家

子どもの頃、私はひとりで寝ることができなかった。今でもある光景を思い出すだけで胸の中がザワザワしてくる。ベッドの枕元に置いてあった電気スタンドから漏れる黄色い光だ。あの光を思い出すだけでいまだに、「寝なければならない」という圧迫感が押し寄せてきてイヤーな気持ちになる。

別になにがあったというわけではない。幽霊を見たわけでも、妙な音を聞いたわけでもない。ただ、ひとりで寝ていると禍々《まがまが》しい気配がひしひしと迫ってくるのだ。光の届かない部屋の隅や家具の陰に暗いよどんだなにかが潜んでいて、こちらをうかがっている、そんな気がしてならなかった。

たまらず、

「ママー」

と呼んだ。

「はいよ」

と書斎から答えが返ってきてホッとした。

私の母は作家で、名前を佐藤愛子という。後に『戦いすんで日が暮れて』という小説で直木賞を取るが、それは2〜3年後のことだ。この頃の母は昼も夜もなく原稿用紙に向かって書きまくっていた。会社経営に失敗した父の負債を母が背負い込んだからである。

夜、私は母の寝室のダブルベッドに寝かされていた（自分の部屋はあったが、そこでひとりで寝ることなどもうハナから無理だった）。母の寝室と書斎は一部屋おいて廊下の端と端であった。

「ママー」

怖くなってもう一度呼ぶ。

「なにー」

と少しおどけた返事が返ってくる。

けれどホッとしたのもつかの間、すぐにイヤな気配はジワジワとこちらを侵食してくるのだった。

「ママー」

やがて母は怒りだす。

「なんなのよ！　何度も何度も！　そんなに怖いのならこっちへ来なさい！」

叱られようがうれしくて私はいそいそ母の元へ向かうのだった。書き物机のそばに布団を敷いてもらい、2つ折りの座布団を枕に眠りについた。

「あれはかわいそうだったたねぇ」

母はそう述懐する。が、私にとっては懐かしい記憶だ。原稿用紙を走る万年筆のカリカリいう音は、なにもかもが死に絶えたように思える真夜中で唯一の生きている音だった。もしかしたら母の「モノを作り出す気迫」が結界となって私を守っていたのかもしれない。母の表情は彫刻のように硬く、視線だけが上から下へと文章を追って鬼気迫るものがあった。

こんなふうに私は中学2年頃までひとりで寝ることができなかった。

わが家の庭に霊道が通っていると聞いたのは20年後のことである。同時に、私の部屋の前に女の幽霊がたたずんでいることも聞いた。子どもの感受性は鋭いのだ。私が感じていたおぞましい空気は勘違いではなかった。母は私を空想ばかりしている夢見る夢子と思っていたようだが、この件に関しては空想力がもたらしたものではなく、本当に私のすぐそばにこの世ならざるものがいたのだった。

霊騒動に巻き込まれながらたどり着いた場所

はっきり霊を認識したのは私が高校1年生の時、母が北海道・浦河に別荘を建ててからだ。私は幽霊の存在を信じていたが、自分の身に霊現象が起きるとは夢にも思っていなかった。それが一夜にして幽霊屋敷の住人になったのだからたじろいだ。

別荘は丘の中腹を切り崩して建てたものだ。丘の下はアイヌの古戦場だったし、丘の上方には彼らの集落が、さらに頂上には神を祀《まつ》った聖地があったのだが、そうした歴史的背景を知るのは後のことだ。母はその地を一目見るなり気に入った。母の前世はアイヌであり、かつてはこの地で生涯を送ったのである。因縁は二重三重に絡み合っていた。けれど、それが解き明かされるのもずっと先のことだ。

一目ぼれの勢いで母は別荘を建てた。怨嗟《えんさ》の念が染み込んだ土地だ。眠っていた因縁が目を覚ました。

怪奇現象は別荘新築後、滞在2日目の晩には起こった。

まだ母が到着する前の、私と友人たちしかいなかった晩のことだ。

深夜、友だちと雑魚寝していた部屋の窓の外を誰かが歩いていた。それまでの他愛のないおしゃべりが止まって、眠りにつこうかという一瞬の静寂を突いて足音が始まった。私たちは黙ったまま（その時、なぜだか私たちは深夜の時間帯なのに人が敷地内を歩いていることをおかしいとは思わなかった）、その音を追っていた。

「便所ゲタ」を連想した。甲にベルトのついた平べったい木のサンダルだ。それでジャリッジャリッと砂利を踏みしめていた。大股で投げやりな足取りから「おっさんだな」と思った。おっさんは立ち止まった。水道の取っ手をひねる「キュッ」という音がして勢いよく水がほとばしり出た。コンクリートの排水溝にあたってバチバチと跳ね返っていた。ほどなくまたキュッと栓が閉められた。それっきりだった。あたりは静寂に包まれた。

「今のなに⁉」

私の声に友だちは悲鳴をあげた。人の気配すら一瞬にしてかき消えたのである。

数年後、私は窓の外に水道などなかったことを知ってがく然とした。その時の水音があまりに確かだったから、水道があるものと思い込んでいたのだ。水道も排水溝もなく、砂利敷きでもなかった。一面の草ぼうぼうで、ゲタで歩こうがジャリジャリ音が立つわけがないのだった。

いろいろなことが一気に噴き出した。お風呂に入っていると脱衣場を若い女の影が横切る。夜中に廊下のドアがたたきつけられるように閉まる。犬が天井を見てうなり声をあげる。物がなくなったかと思うと、忘れた頃にポツンとテーブルの上に置いてある。毎夏、なにかしら起きた。

心霊の扉が開いたのだった。

私と母は心霊の扉から次々湧いて出てくる未知の力の前にオロオロした。

けれど扉から現れたのは怪異だけではなかった。救いの手もその扉の向こうからやって来た。霊能者、聖職者、研究家といった人たちとは心霊現象が起きなければ出会わなかったに違いない。彼らは困惑している我々にどうしたらいいか教えてくれた。私たちは怪奇現象が起きると手を合わせて「南無《なむ》妙法蓮華経《みょうほうれんげきょう》」と唱えるようになった。ほどなくそれは「南無不動明王《なむふどうみょうおう》」に代わった。霊能者が「佐藤家はお不動さんと縁がある」と教えてくれたからだ。

私と母は成田山新勝寺のご本尊が不動明王であることを教えられ、お参りするようになった。護摩《ごま》焚《た》き供養を受けてお札をいただいた。茶の間に神棚を祀り、お札を納めて毎朝手を合わせた。やがて古神道の研究家と出会い、その方から太古の神々について教わった。「大祓《おおはら》いの祝詞《のりと》」の大切さを知って、毎朝のお勤めに長い長い祝詞が加わった。霊現象の終わりは一向に見えてこなかったが、取るべき行動が示されたことに私たちは励まされた。

私たちは覚悟を決め、少しずつ強くなっていった。

「誰が」言ったかではなく、「なにを」言ったか

この本の中で私は具体的に名前を出さず、「霊能者」とひとくくりに言及している箇所が複数ある。それはその言葉やエピソードが誰のものなのか思い出せなくなってしまったからだ。入れ代わり立ち代わり、霊能者が現れた時代だった。今になってメモでも取っておけばよかったと後悔しているが、当時の私はどうどうと流れる川の中州であっけに取られて水面を眺めているような状況だったのである。

ただ彼らの言葉だけが輝きを放って私の心に焼きついている。

けれどそれでいいのではないだろうか。誰がそれを言ったのかということは、それほど重要なことと思えない。力を持っているのは「その人」ではなく、「言葉そのもの」と考えるからだ。

それを言った人物に学識があるとか、有名であるとか、地位が高いとか、人から称賛されているとか、そうした価値観は極めて三次元的なものだ。三次元的価値観は魂の世界からは遠く離れている。心に残る言葉を用意するのは人間ではなく、「天の計らい」のはずなのだ。

霊能者の中川昌蔵さんはよく、

「私の言うことを全部信じないでください。本当のことは僕だってようわかっとらんのです」

とおっしゃった。この言葉があるからこそ母は中川さんを信じたという。あの世のことなどすべてわかる必要はないし、わかると言い切ることほど傲慢《ごうまん》なことはない。なにが大切なのかを知っているのは心だ。心に深く刺さった言葉は、自分を成長させてくれるヒントに違いないのである。

この本の中で私は霊能者でもないのに心霊に関する意見を述べ、状況を判断している。それらはすべて、長い年月の中で私がこうした優れた先達者たちから教わったことだ。

私たちは心霊現象に慣れていった。教わったことのなにが功を奏したのかはわからないが、北海道の家は鎮まっていった。

別荘で行った招霊会で霊媒師に下りてきた怒れるアイヌの霊に謝罪したからか、それとも祝詞の持つ神々しい力でねじ伏せたのか、あまりにも多くのことを行ってきたのでわからないが、今にして思うと、私たちの心境の変化が大きく影響していたような気がしてならない。

「幽霊が怖いからなんとかしたい」という最初の頃の思いは、長い年月を経て「よりよい死を迎えるにはどう生きるか」に変化した。

私は苦難に直面して、よりよい死にざまを迎えられなかったアイヌを思うようになった。死んでいるのに痛みに縛り続けられている彼らの何百年を想像すると、怖いより悲しくなった。

開いた心霊の扉から最後の最後に現れたのは、そうした私の心境の変化そのものだった。

それでも線路は続いていく

5年ほど前に「あの世のお話会」というのを立ち上げた。

最初は霊能者の尚さんと私の夫が、夫のジュエリーのサロンで始めた小さな集まりだった。

ここで尚さんについて紹介しておかなければならない。

尚さんはわれら家族のかけがえのない友人であり、同時に最もたくさんのヒントを与えてくれた霊能者なのだ。私たちの興味本位の質問や、現世利益と受け取られてもおかしくない相談にもいつも気長に、態度を変えることなく耳を傾けては、答えてくれる。

彼女と出会ったのは今から15年ほど前だ。

彼女は夫の知人の友人で、かねてより夫からは、

「霊能のある女の子がいるんだよ」

と聞いていた。だからはじめて尚さんを紹介された時、私は、

「霊能があるんですか?」

と聞いたのだが、彼女の返事は、

「いえいえ、そんなことないです」

というものだった。

当時はまだ霊能者を名乗る自信も覚悟もできていなかった、尚さんは振り返ってそう言う。

それが少しずつ少しずつ変化して、今や彼女がカウンセリングした人の数は2千人を超えた。彼女は霊能者として生きる覚悟を決めたのだ。

私からしてみれば、尚さんとの歴史は彼女が心霊の世界に踏み出していく足跡そのものであった。

今、はっきりとわかる。「あの世のお話会」こそ、彼女の第一歩であった。


最初はお茶会みたいなものだった。クッキーでもつまみながら気軽に「〝あの世〟についてお話ししませんか？」というノリで、開催も不定期だった。

ある時、私はなんの気なしにそのイベントに参加した。参加人数は私を含めて5人ほどだった。あの世の仕組みや霊魂について尚さんと夫が話し、私も気楽に自分の経験を語ると、あにはからんや「あの世の話」なのに笑いが起きた。リラックスした空気が流れ、聞き手側のお客様も自分の悩みごとや経験談を語りだし、穏やかながらも濃密な時間となった。

その日を境に、私も「あの世のお話会」のメンバーとなった。うれしいことにお客様は増えていった。けれど聴衆が増えれば増えるほど、「ちゃんとしたことを話さなければ」というプレッシャーも大きくなっていく。元来、私は大勢の前で話すのが苦手だ。大きな会場を借りる必要も出てきて、そうなるといよいよ私の緊張は高まっていくのだった。

はじめて外部の大きな会場でお話会を行った日の前日のことだ。私はバスに乗って出演者との打ち合わせに向かっていた。メモ帳を開き、話す内容を練っていたのだが、考えは空回りするばかりでペンは止まっていた。

——よい話をしなければならない。「来てよかった」と思ってもらえるような、誰もが納得できる結末を用意しなければならない。

焦るばかりで結末が浮かばない。心に残るようないい結論を用意したいのに答えが出て来ないのだ。私は会を開いたことを後悔した。と、その時だ。ふいに頭にひとつの意識が流れ込んできたのである。

「いい結論とはなにか。いまだ全容が解き明かされていない世界について話そうというのに、なにをもって結論とするのか。お前さんが真摯に考えたことを話す、それだけで十分ではないか。あとは聞いた者がそれぞれに考えればいい。

重要なのは答えではなく、答えにたどり着こうと考え続けること、それ自体だ。皆が同じ結論に至るわけがない。人生が違うのだから当然、結論だって異なる。聴衆はそれぞれ自分の人生を振り返りながら〝生きる〟ということについて考えていけばよい。その過程こそかけがえのないものだ」

あっ！　と思った。私はいつの間にやら「話の結論を出す」ことばかり考えていた。そうではない、参加者それぞれが考えながら帰途につく、自分の人生と照らし合わせる、そのようにして自分の「今」を顧みることが大事なのではないか。生き方によって、その人の性分によって結論は変わってくる。変わってくる性質のものに「正解」を押しつけるのは傲慢というものだ。

肩から力みが抜けた。

その言葉をメモし尚さんに話すと、

「指導霊さんが教えてくれたんですね。それを教えてくれたのはお祖父さんです。お祖父さんは響子さんの後ろにいらして、響子さんを導こうとしてらっしゃいますよ」

と言った。

「響子さんの進んでいる方向は間違っていないってことですね」

この言葉に背中を押されて「お話会」は10回を超え、まだ続いている。

正しく生きるとはどういうことだろう、正しさとはそもそもどういうものだろう、そんなふうに真摯に考えていると、このようなヒントを与えてもらえることがある。こちらの霊的なアンテナが高くなってきた証しだという。指導をしたいと願っている霊と波長が通じるのだそうだ。

こうしたヒントはしばしば下りてくるのだが、私は霊能者ではないから、いちいち尚さんに「これは本当に背後からのメッセージかな？」と判断を仰がなくてはならない。この本にもメッセージが出てくるが、書くたびに尚さんの意見を聞いた。

背後からメッセージを受け取ること自体はさほど珍しいことではないと思う。予感、直観、予知夢、霊夢なども含めれば、多くの人が経験しているはずだ。ただ私のそばには霊言かどうかの判断を下してくれる霊能者がいた。彼女のおかげで私はそれらの言葉をあの世からのメッセージだと断言して伝えることができるのである。

結果、こんな本を書いている

なんとなく気配を感じておびえていた子どもの頃。心霊騒動に巻き込まれ、いや応なしに心霊の世界を学ぶことになった青年期。「お話会」を通じて心霊世界に真剣に取り組もうと試みている現在。

こう書いて、これらの出来事が私をある場所へと誘うための飛び石だったことに気がついた。振り返ってよく見れば、それら飛び石は偶然置かれていたものというより、飛べそうな位置に何者かが置いておいてくれたものだということがわかる。

この本がまた飛び石のひとつなのかどうかはわからないが、尚さんを含め多くの人たちが「書きましょう！　書きましょう！」と熱心に誘ってくれたことを思うと、世に出す必然性はあるのかもしれない。

私は正しいと思っていることを書いた。が、心霊の世界はあまりに深淵《しんえん》だ。今は正解だと思っていてもひっくり返せば勘違いだったり、誤解だったり、大きな回答の一部分だけだったりすることだってあるかもしれない。

そんな時は、私はあの美しい言葉をもってそれをこう解釈しようと思う。

「答えを出そうと考えあぐねる過程こそ尊いものだ」

この本が読み手の皆さんの魂を読み解く、ひとつの暗号になってくれさえすれば私は本望だ。

杉山響子

物《もの》の怪《け》と龍神さんが教えてくれた大事なこと　目次

霊能者でもない私はなぜこんな本を書くのか、ということについての少し長い「まえがき」

第一章　あの世への行き方

第二章　時間の止まった者たち

第三章　神々の黄昏

第四章　私たちは何者なのか

すべて語り尽くした後の短い「あとがき」　

イラスト　鯰江光二
ブックデザイン　ツカダデザイン
編集協力　楠本知子
編集担当　真野はるみ（廣済堂出版）

第一章　あの世への行き方

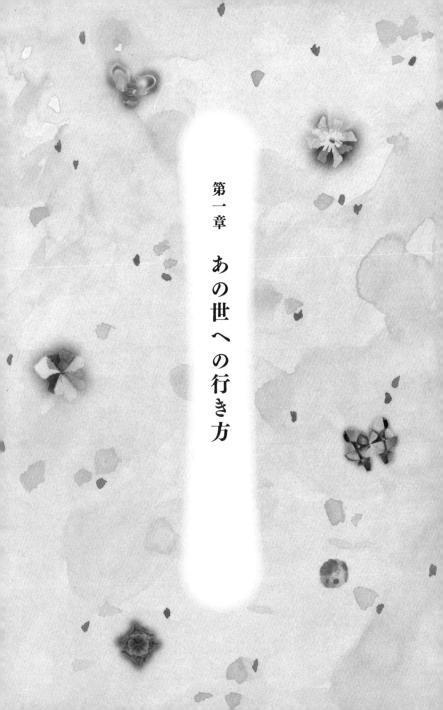

「逝きたいのに逝けない」人たち

3年前の夏、私は東京北部に位置するK公園を訪れた。

その数年前から私は霊能者の尚さん、私の夫と3人で「あの世のお話会」という講話会を開いていたことは先に書いたが、いつも過去の体験談を元にした話ばかりだったので、たまには取材に出てみようと心霊スポット巡りをすることになったのだ。

私はネットから有名心霊スポットをいくつか拾ってきて尚さんにチョイスを任せた。すると彼女は恐怖度数緩めのスポットばかりを選んだ（ような気がする）。私としては「ヒーッ」と悲鳴の上がるような恐怖体験をして、体中の毛穴を逆立てたいのに尚さんは許さない。彼女は深刻な霊的障りを警戒しているのだ。結果、気の抜けた炭酸水みたいなところばかりになってしまった。K公園もそのひとつだ。なんとなくピンとこないまま出かけて、結果「ヒーッ」となることはなかったけれど、少しばかり印象的なことが起きたのでそれから書こうと思う。

同行メンバーは私に尚さん、車を出してくれたS君の3人である。

K公園が心霊スポットにあげられたのは、戦争がもたらした痛ましい過去があるからだ。大東亜戦争の空襲で亡くなった数百ともいわれる亡きがらをこの公園に収容し、埋葬したのである。それ以降、ここでは奇妙な事故死や自殺が絶えないというのだが、実際に行ってみるとおどろおどろしいところはまるでない。木立には気持ちのいい風が渡り、子どもたちは初夏の日差しの中でボールを追っている。公園の片隅に建てられている慰霊碑にしても掃除が行き届き、花やお茶が供えられ、立派な千羽鶴と、その千羽鶴を風雨から守るようにビニール傘までさしかけられて、地元の人たちのいたわりの心が行き渡っているのだった。

「ここはきれい。なんにもありませんね」

尚さんは言った。地元の人たちの供養は土に染み込み、すっかりこの地を浄化していた。だから最初からもっと気合の入った禍々しいところをチョイスしておけばよかったんだよ！　と私は思う。

「でも霊はいますよ。小さな男の子がさっきから話しかけてきてるんです。かわいい子です」

「いくつくらい？」

「4～5歳かな。『遊ぼ』って言ってます」

霊とは深く関わらないほうがいいということは前々から聞いていた。だから私はそっけなく、

「遊べないんだよ」

と答えた。

「『どうして？』って聞いてます」

男の子の言葉は尚さんの通訳がなければ私には通じないが、私の声は直に少年に届くらしい。

「それはキミが死んでいて、私たちが生きているからだ。住む世界が違うんだよ」

「『言ってることがわからない』って言ってます。この子、自分が死んだことに気がついていないんです」

どうやら彼は「死」という言葉すら知らないうちにプールでの事故で亡くなったらしい。

「『いつもお迎えに来るおかあさんが来ない』って。ずっと待ってるみたいです。みん

なに『遊ぼ』って言うんだけど無視されてるみたいです」

「おじいちゃんかおばあちゃんは？」

もしじいさんかばあさんが亡くなっているなら、あの世から迎えに来てもらえばいい。私はそう考えた。迷える身内の魂を導くため、先にあの世に旅立った近親者が迎えに来るという話はよく耳にするではないか。

けれど男の子は間髪入れずに言った。

「おじいちゃん、おばあちゃん、キライ」

途端に私は切なくなった。

じいさんとばあさんは孫を邪険にしたのかもしれない。いや、したに違いない。そうでなければこんなにきっぱりと「キライ」と言うわけがないではないか。

どこの誰ともわからんじいさん、ばあさんに対する怒りがわっと込み上げてきた。

同時に男の子の抱えている孤独が胸を突いた。

雨の日も冬の夜も、この子は公園でひとりぼっちでコロコロ遊んでいたんだぞ！

と、尚さんが
「あ、男の人が来ました」

と報告した。男の子の守護霊がお迎えに来たのか、と私は安堵《あんど》したが、尚さんは首を振った。

「お迎えじゃないです。通りすがりの人です」

「通りすがりの人？　アカの他人？」

「そうです。私たちが霊的なコンタクトを取っているのを感じて好奇心を募らせてやって来た浮遊霊ですね。中年のおじさんです」

「野次馬かい！」

がっかりと、いら立ちが混じって私の語気は荒くなった。

「散りなさい！　散りなさい！　こっちはそれどころじゃないんだよ。なによ、好奇心を募らせたって。募らせてる場合か！　もう死んでるんでしょうが。こんなところをウロついていていい立場じゃないでしょ。つくべき道につきなさいよ。そりゃ、この子はかわいそうだよ。『死』っていう概念すら知らないうちに亡くなったんだから。でも大人は違う。ある程度年齢を重ねれば、いやが応にも『死』について考える。それが大人ってもんでしょうが！　そういう覚悟もしないで、その場その場で生きてきたから死んでからこんな公園をさまよ……」

最後まで待たずに尚さんが、

「もう行ってしまいました」

と報告した。

「なんだかしょんぼり肩を落として……」

そう言われるとかわいそうになる。浮遊霊とはいえ人は人。傷つけてしまったかもしれない。いやいや同情は禁物だ。未浄化霊につけ込むスキを与えるのはアブナイ！ああ！　まったく幽霊というやつは厄介だ。

見ればS君が腹を抱えて笑っていた。無人のジャングルジムに向かって真っ赤になって説教している私ははたから見ると相当おかしかったらしい。


尚さん曰く、通りすがりのおじさん霊には思い残したことがあるという。けれど下手に耳を傾けて依存されても手の施しようはないので深入りしないのが一番だ。

完璧な人生などない。おじさんは「思い残したこと」も含めて人生は完結したことを肝に銘じるべきなのだ。志半ばで急逝することも、記憶のほとんどが後悔という一生もあるだろう。けれど発見や学びだって苦労と同じ数だけあったに違いないのだ。

その人生でしか得られない実りを思い出してほしい。

私はおじさんにそう言えばよかったかもしれない。もっともそれを聞いて納得してくれるような潔さがあれば、いつまでも現世をうろついてなどいないだろうが。


気を取り直して、少年との会話に戻る。

「そうだ。光は見える？」

亡くなったら光が見える、その先にあの世があると聞いたことがあった。

「わからないそうです。『あたたかいところ？』って聞いてます」

困った。あたたかいところが正解なのかわからない。どうやら霊である少年と生身の私とでは見ている世界は違うらしい。重なる部分と異なる部分があるようだ。

尚さんによると、死後の世界は幽現界《ゆうげんかい》、幽界、霊界、神界の4つの層で構成されているそうだ。亡くなった御霊《みたま》が最初に行くのが幽現界。ここで自分の人生を振り返りながら未練や執着を整理して四十九日を過ごす。幽界へ行く準備である。現世に未練があったり、自分が死んだことが理解できなかったりすると、いつまでも幽界へ行くことができず、さまよい続ける。いわゆる「地縛霊」とか「未浄化霊」はこの状態だ。

この少年もそういう存在だ。現世と幽現界の半ばを漂う彼は、2つの世界が重なって見えるのだろう。下手な道案内をして迷わせるわけにはいかないので慎重にならざるを得ない。もういっそのこと私に取り憑《つ》いてもらおうか、とも思う。この子を背中におぶって神社かお寺に行き、そこで一生懸命祈れば神仏が願いを聞き入れて、あの世に連れて行ってくれるのではないか。

そんなことを考えていると尚さんが、

「逝きましたよ」

と伝えてきた。

「『あたたかいところでいいんだよ』って教えてあげました」

彼女によれば、男の子は前から「あたたかいところ」に気づいていたが、怖くて遠巻きに眺めているだけだったらしい。

ちなみに同じ未浄化霊でも先ほどの浮遊霊のおじさんは「あたたかいところ」を知らない。おじさんと男の子の波動が異なるためだ。波動が異なると見える景色も違ってくる。この世に執着している時点でおじさんのほうが男の子より波動が低い。同じ公園にいながら、霊たちは波動の高低によって異なる空間にいるのだった。

空間が違うからおじさんには男の子の姿が見えないし、男の子もおじさんがいることに気づいていない。私と男の子の会話はおじさんには聞こえないし、おじさんに対する私の説教は男の子には届いていないのである。

これには私の波動の変化も関係している。私は男の子に対しては慈しみの情が湧き、おじさんに対しては激しいいら立ちを感じた。私という人間の中に生まれた感情は、その感情の質によってそれぞれつながる世界が異なるのである。

「あの世」とは、どんなところなのか

ある霊が霊媒師に語ったところによると、死んだ後、幽現界をさまよっている間は「自分の周りに誰かいるような気配はあるけれども、肉眼で見るように見ることはできなかった」そうだ。死んだ者同士、気軽に話をするなどということはないらしい。

「生きて一緒になれないのなら、せめてあの世で夫婦になろう」

と男女が心中する悲劇があるが、実際のところはどんなにほれ合っていようが死ん

だ途端、波動の法則で別々になってしまう。恋人同士でも夫婦でも親きょうだいであってさえ、魂の波動は異なるからだ。

そもそも解消すべき因縁（いいものも悪いものも含めて）に導かれて人は恋をしたり、夫婦になったり、家族関係を築くのである。気に食わない相手と共同作業をしたり、恋した人と憎み合ったかと思えば許し合ったり、というのは、両者の間に横たわっている課題に取り組ませるための試練なのだ。にもかかわらず心中などすれば、悪縁ばかりが深くなる。すんなりあの世に行くことは許されず、波動が違うから苦しみを分かち合うことも許されず、死んだ場所に縛られたまま本来その魂が全うするはずだった寿命に相当する年月を孤独に過ごす羽目になるのだ。

ただ、同じような「負の意識」を持った魂は別だ。「憎しみ」「恨み」「欲」。そうした共通項でつながった魂は寄り集まって霊団化する。怒りが怒りを呼ぶように、怒りの想念はくっつき膨れ上がっていく。身体中に目玉のついた「百目《ひゃくめ》」という妖怪は、霊団化した人の魂に違いない。霊的に鋭敏な人の目には、絡み合った人間の霊体が目玉だらけの肉の塊に映ったのだ。

「あの妖怪にそっくりなのが実際にいるんですよ」

霊能者たちは皆口をそろえてそう言う。

そこまで膨れ上がった負のエネルギーは強く、生きている人間にも影響を及ぼす。生きている人間の「負の感情」を取り込んで自分の側に引き入れるのだ。イライラさせたり、攻撃的にさせたり、被害者意識に陥らせたりする。生きている人間の意識は常に揺らいでいるので利用しやすい。

昨今、ちまたを騒がせる無差別殺人の犯人が口にする「誰でもいいから殺したかった」などという文言は彼らが言わせているのかもしれない。低級な霊と波動を同じくするのは実に危険なのである。

「こっくりさんで遊んではいけない」と言われるのも同じ理由からだ。興味本位、物見遊山で霊と関わろうとする波動は、決して高い存在とはつながらない。引き寄せられてやって来るのは、やはりいい加減な低級霊なのである。

そういえば母とお手伝いさんと私の3人でこっくりさんをしたことがあった。あの時も大変だった。我々3人は、呼び出した低級な霊にさんざん遊ばれてしまったのである。

「こっくりさん」をやってみた顛末

今から30年以上も前のことだ。北海道の別荘に着いたら銀行から下ろしたばかりの10万円がなくなっていたことがあった。それでこっくりさんに聞いてみようということになったのだ。言い出したのは私かもしれない。好奇心の強い母がノッた。

「面白い！」

「やろう！　やろう！」

「いろは」の文字で輪を描き、真ん中に鳥居のマークを、左右に「はい」「いいえ」「男」「女」と書くというセオリー通りの紙の舞台を用意して、3人で10円玉に指を乗せた。

最初のうちはまともに答えてくれていたのだ。それがおかしくなったのは、アポイントなしに訪問客が現れてからである。

見知らぬ人がいきなり訪ねてくるのは北海道の別荘ではよくあることだ。門扉も塀もない一軒家なので勝手に車が庭に入ってくる。母のファンの場合もあるが、地元民の見物の場合もある。見物人は「作家」という人種をのぞきに来ただけだから用事はない。サファリパークでライオンを見物するノリなのか、「遊びに来たー」とやたらとテンションが高い場合もある。見知らぬ車が上ってくるたびに私たちは、「来たな」と構えるクセがついてしまった。

この時も坂道の砂利を蹴り上げるタイヤの音が聞こえた途端、「厄介なことになった」と私たちは舌打ちした。

こっくりさんをやっていたテーブルは窓際にあり、家に近づいて来れば中の様子は丸見えなのである。降りて来たのは2組の若いカップルだった。指を硬貨に乗せているから窓を閉めることもカーテンを引くこともできない。窓を閉めるにはこっくりさんに「すみませんが窓を閉めてもいいですか?」と尋ねなければならない。「窓を閉めるには10円玉から指を離さなければいけないのですがよろしいでしょうか」と許可をもらわなければいけない。実に面倒くさいのだ。勝手に離したらこっくりさんが怒ってしまう。怒ったこっくりさんは、私たちをたたるかもしれない。

私たちは10円玉に指を置いたまま硬直した。そこに向こうから赤ん坊を抱いた見知らぬ女性がひょこひょこやって来た。彼女は笑いながら窓際に立って、

「センセエ、なにしてんの？」

と聞いた。

「なにもしてませんよ」

母は吐き捨てるように答えた。ケンモホロロな対応はさっさと帰って欲しいからだ。

女の人は、

「まーたまたー」

といなすように笑った。「なにもしてませんよ」どころか、鳥居のマークの紙もその上の10円玉も、その上に指を乗せている我々も彼女から丸見えなのである。もう誰が見ても「こっくりさんをしているところ」であった。彼女はなにか言いたげに立っていたが、張り詰めた雰囲気に気押されたのかそろそろと車に戻って行った。

それ以降だ。こっくりさんがおかしくなってしまったのだ。10円玉がめちゃくちゃな動きをする。質問に答えるどころではない。紙の上を支離滅裂に滑り回るのだ。

「こっくりさん、お帰りください」

言えば言うほど10円玉の動きはヒステリックになる。ぐるぐる回ったかと思えばタテ、ヨコ、ナナメに突っ走る。

「どうしよう」

私たちは困惑した。

「怒っているのですか」

——はい。

「すみませんでした。お許しください」

謝っても答えない。すさまじい速さででたらめな文字を綴《つづ》るばかりだ。

「こっくりさん、どうしたらお怒りを鎮めてくださいますか？」

すると10円玉が文字を指した。

——たまたま。

「たまたまですか？　たまたまってなんですか？」

——たまたまたまたまたまたまたまたまたま。

質問したことにいら立ったのか連呼し始めた。

「卵のことかな？　卵を供えてほしいのかな？」

すると質問したわけでもないのに、

——はい。

と答えた。

「冷蔵庫に卵があるか見てきて」

母はお手伝いさんに言ったが、冷蔵庫に行くのにもこっくりさんの許可がいる。

「すみませんが、卵を取りに行きたいので○○さんが手を離しますけれどもよろしいでしょうか？」

いちいちお伺いを立てなければならない。

――はい。

とお許しをもらって冷蔵庫を見に行ったお手伝いさんは、

「卵、ありません！　切れてます」

と声を上げた。私と母はギョッとしたが、すぐさま彼女の喜ばし気な声が、

「でもオアゲがあります」

と報告した。油揚げならこっくりさんも喜んでくれるはずだ。

「卵はありませんでしたが、オアゲならありました」

と10円玉に報告する。

「よろしければ、おあがりください」

そう言ってビニール袋に入った油揚げを紙の中央に置いたその途端、ものすごいスピードで硬貨が動き、油揚げの袋を紙の外に弾き出した。「こんなもの！」と言っているのだ。我々はあっけにとられた。キツネのはずなのにオアゲを嫌って、こっくりさんは叫んだ。

――たまたまたまたまたまたまたまたまたまたまたま！

「た」と「ま」の間を信じられないスピードで移動する10円玉はまるで生き物のようだった。私は聞いた。

「卵なら買って来なければならないのですが」

――たまたまたまたまたまたま。

「ならば響子が買ってまいりますが、そのために10円玉から手を離してもよろしいでしょうか」

――いいえ。

「ならば誰が買ってくればよろしいですか？」

――あいこ。

私は身を乗り出し、10円玉に言って聞かせた。

「愛子が買いに行くと徒歩になるので遅くなるんです。響子でしたら車を運転するので早く買って来られます」

するとこっくりさんはヒステリックに連呼し始めた。

――あいこあいこあいこあいこあいこ！

「お手伝いの○○さんではダメですか？」

――あいこあいこあいこあいこあいこ！

「わかりました。では愛子が手を離しますがよろしいですか」

――はい。

自分の要求が通った時だけ素直なのだ。

仕方なく母は麦わら帽をかぶり、買い物かごを下げて8月の太陽の下を出かけて行った。背中が怒っていた。私とお手伝いさんは窓から見送りながら、母が帰って来るまでの40分を10円玉に指を乗せたまま身じろぎもせず待ち続けたのだった。

後にこの話を尚さんにすると、

「動物霊ですね。もう完全にからかっています」

とのことだった。

「冷蔵庫の中に卵がないことまで知った上で、わざと『たまたま』って言ってるんです。最初からお母さんに行かせるつもりなんですよ」

あまりの狡猾《こうかつ》さにびっくりする。同時に笑いのセンスがあることにも、ちょっと感心する。

考えてみれば、そりゃ、カンカンに怒りながら坂道を下りて行く母の姿は確かに面白かった。

「失せもの探し」という遊び半分の意識に高級霊が呼応するわけがないのだ。「面白半分」の波動には「面白半分」のいい加減な動物霊がやって来る。買ってきた卵で満足して帰ってくれただけでも、よしとしなければいけない。中には虚実ないまぜのお告げでこちらを惑わせ、信用させておいて取り憑いたり、脅して支配したりする凶悪な存在もいるのだ。

憑かれる人、憑かれやすい人ってどんな人？

〝神〟を自称する低級霊に取り憑かれた人から手紙が来たことがある。

その女性は有名な神社の鳥居をくぐった途端、襟足にぽつんと冷たいものが滴ったのを感じ、それ以来〝神〟を自称する存在につきまとわれるようになったのだという。

「お前は今日、首筋に冷たいものを感じただろう。それは私だ。私は〝神〟である」

自称〝神〟は「お前だけに特別に見せてやろう」と空中に金の粉を出現させたそうだ。その金粉はキラキラ輝いたまま中空を漂っていた。驚いて眺めていると、〝神〟は命じた。

「手で空気をかき混ぜてみろ。おまえの手の動きに合わせて金粉が渦を巻いて踊る」

言われるままに彼女は腕を回した。すると金粉はグルグルと宙を回転してそのまま窓から出て行った。彼女は興奮した。これほど神々しいものを出現させるのだからホンモノの神様に違いない、彼女はそう思った。

「私は神に選ばれた特別な存在なのだ」

彼女は喜びでいっぱいになった。

〝神〟はいろいろなことを命じ、彼女はその通りに動いた。言われた数字を調べたら宝くじの当たり番号と一文字違いだったこともあった。その都度、彼女はおののき感動し、ますます言いなりになっていった。

けれど〝神〟の命令は次第におかしなものになっていく。

「屋根の上に『いい』と言うまで立っていろ」

「歩きながら放尿してみろ」

「『いい』と言うまででんぐり返しを続けろ」

言いつけを無視しようものなら激しい頭痛に見舞われた。〝神〟の言いつけを守るうちに波動が同調し、もはや肉体まで牛耳られていたのだ。

「自分はほかの人と違う特殊な存在なのだ」

こうした思い込みは傲慢を呼ぶ。もともと心霊、オカルトに強い関心を持っていたことも、好奇心の強さも「低級霊」の好むところだったかもしれない。よこしまな存在は、彼女の心の奥底に眠っていたそうした傾向を見抜いていたのだ。

その人は精神病院に入った。病室でへとへとになりながら〝神〟に命じられるまま、でんぐり返しを繰り返している。手紙の最後の一行は「どうしたらいいでしょう?」だった。しかし、そこまで一心同体になったものを引きはがすのはむずかしい。

「けれど確かに私に美しい金粉を見せてくれたのです。なぜ私に見せてくれたのか知りたいです」

そんなふうにとらわれていることが一番問題だ。こうした〝病〟で入院している人は少なくないと聞く。

低級霊は、その人間と波動を同じレベルにしようとあの手この手で迫ってくる。人間を脅すには「死」をチラつかせることが一番効果的であることを知っているし、ターゲットが恐れているものも、大事にしているものもお見通しだ。だから彼らは「当てる」。ちっちゃい予言もする。その上で「死」を匂わせて人間を揺さぶってくるのだ。そうしておびえた人間は、自ら低級霊のチャンネルに合わせにいくようになる。

けれど逆に考えれば、これは問題解決のヒントを与えてくれてもいる。それは低級霊のほうからは人間のチャンネルに合わせられないということだ。こちらが低級霊よりも上の次元に行ってしまえばついて来られないのである。本当の信仰を身に着けて波動を上げてしまえばいいのだ。

本当の信仰、それは「感謝」である。

「憑き物」は、落とすより、寄せつけないほうがカンタン

私が大学生の頃だから、かれこれ40年近くも前になるだろうか。「キツネ落とし」の儀式に立ち合った。北海道でのことだ。かの地は「キツネ憑き」の話が多い。母と仲のよかった修験道の住職から、かねてよりキツネ落としの話は聞いていたが、あるときこんな電話がかかってきたのだ。

「キツネ落としするよー。見に来るかい」

住職によると憑かれたのは農家の主婦で、散歩の途中で見捨てられたような朽ちたお社に手を合わせたのが始まりという。以来、身体の中になにかが住みついてしまった。「見捨てられたような社」に手を合わせるくらいだから、彼女は善良なのである。

おそらくその社はもう先に神はおらず、代わりに低級な自然霊の吹きだまりと化していたのだろう。低級霊は神のように敬われ、祀られることを望んでいる。彼女の人のよさこそ、彼らの格好のエサとなったのだ。

かくしておばちゃんの身体は乗っ取られ、彼女の意思を無視して勝手に動くように

なってしまった。

「ピョンコラピョンコラ跳ねよるよ。中のキツネが悪さしとるんじゃ」

住職は慣れているらしく、二つ返事で「キツネ落とし」を引き受けた。

「50か60かトシはその辺だけども、身体は達者だからね、川さ入るよ。川さ入るとキツネは苦しくて逃げよるからね。ヨボヨボのばあさんじゃったら危なくて川に入れれんけど、今度来るのは体力があるから入る。見に来るかい？」

私と母は大急ぎで寺に向かった。

寺に着いた時はすでに護摩焚き供養の真っ最中であった。住職が護摩木を焚く後ろで小さなおばちゃんが一心不乱に手を合わせ、その周りを合掌した信者たちが囲んでいた。私と母も信者に混ざっておばちゃんを見守った。

唐突におばちゃんは肩を揺らして飛び上がった。激しいしゃっくりにも似た動きだった。座布団の上で正座のまま跳ね上がり、おばちゃんは照れ笑いを浮かべた。

「私は暴れたくないんだけど、身体のほうが勝手に跳ねちゃって」

と苦笑しているふうだった。炎が高くなり住職の読経が佳境に入ると、いよいよ跳ね方は激しくなった。目に見えない存在が彼女の肩をつかんで揺さぶり、小突き回していた。小さな身体は飛び跳ね、合掌は崩れ、そのたびに彼女は困って笑った。

護摩焚きが終わると住職は行着に着替えるため奥に消えた。いよいよ川に入るのだ。川は寺のすぐそばを流れていて、儀式は川水の中で行われる。おばちゃんも白装束に着替える必要があった。けれどおばちゃんはいつまでも護摩壇の後ろに立ち尽くしたままであった。

「着替えに行こう」

付き添いらしき人が声をかけた。おばちゃんは顔をこわばらせたまま動こうとしない。「さぁ」と促してもビクともしない。様子がおかしかった。儀式に緊張しているのとは違う。私の目には彼女が自分の中のなにかと戦っているように見えた。

と、付き添い人が彼女のひじに手を添えた瞬間だ。おばちゃんがいきなり後ずさりし始めた。小さな歩幅で、しかしスピードの速い、確かな足取りで後退し始め、付き添い人は反射的に抑えようとした。けれどおばちゃんはブレーキのきかない車そっくりだった。付き添い人を巻き添えにして後ろに後ろに進んでいく。慌てて信者が2人止めに入ったが、それでも止めることはできず、小柄な身体は3人をまとめてずるずる引きずっていった。想像を絶する力だった。おばちゃんの中にはこんなモノが住みついているのかと、私ははじめて怖くなった。

「センセエーっ！」

たまらず信者が住職に助けを求めた。奥から、

「どうしたどうした」

と着替え半ばの住職が現れ、その途端、呪縛が解けたのかおばちゃんの足は止まった。

「大丈夫。行けるよ。行ける行ける」

住職がおばちゃんの肩をたたいた。ふっと彼女の身体から力が抜けるのがわかった。そうしてようやく彼女は奥の間に着替えに向かうことができたのである。

ほどなくおばちゃんは着替えをすませ、本堂に戻って来た。その姿に私は目をみはった。真っ白い行儀に白い帯、頭の上には桟俵《さんだわら》（米俵のふた）、桟俵の上には10個入りの卵のパック、パックの上には油揚げ、それをひもでひとくくりにしておばちゃんのあごの下で縛っていたのである。

これがキツネ落としの正式なスタイルなのだ。

住職の説明では、除霊の儀式をすると苦しさに耐えられずキツネが依代《よりしろ》（神霊が依

り憑く対象物）から離れる一瞬があるという。離れたキツネはとっさに自分の好物の上に飛び移る。その時を逃さず、好物ごとキツネを川下に流してしまうのだ。

一方、依代だった人物は岸辺へ逃れる。こうして両者は切り離されるのだ。だから儀式は川の中で行われなければならない。依代であるおばちゃんもキツネの好物を頭に乗せなくてはならない。

そう教えられても一瞬、顔は緩んでしまった。「笑ってはいけない」と私は自分を叱った。この人はとてもつらい思いをしてきたのだ。

住職は頭に卵を乗せたおばちゃんの腕をとり、川の中に入って行った。夏とはいえ北海道だ。水は冷たい。それを意にも介さずザバザバと入って行って、２人は向き合った。

住職の腹のあたりの水深は、小柄なおばちゃんの胸まであった。私と母はほかの信者と一緒に木立の中からその様子を見守った。

住職はご真言を唱えた。九字《くじ》（「臨《りん》、兵《びょう》、闘《とう》、者《しゃ》、皆《かい》、陣《じん》、列《れつ》、在《ざい》、前《ぜん》」の９つの文字からなる密教の邪気を払う真言）を切っておばちゃんの両肩をつかみ、水に沈めようと抑え込んだ。

おばちゃんは渾身の力で暴れた。住職から逃れようと身を反らし、「ぎゃー」と人間離れした声で叫んだ。

住職は肩を押さえつけて離さず、力任せに水の中に押し込んだ。卵のパックがずれ落ちた。油揚げはとっくにどっかに流れて行ってしまった。

住職は「えいッ、えいッ、えいッ」と気合を放った。おばちゃんが苦しそうに「ぶはぁっ」と水面から顔を出した。住職はおばちゃんの腕をとり、岸へと戻ってきた。

「行った、行った。キツネは卵に乗って川下に行ってもうたよ」

住職はそう言ってタオルで顔をぬぐった。

「儀式は終わったんですか？」

母が聞いた。

「終わった。これでシマイじゃ」

ぷかぷか漂っていく卵パックを見送りながら、私はその上にキツネが乗っている様を想像した。ゆっくりした川の流れに、キツネがおばちゃんの元に戻ってくるんじゃないかと心配したが、おばちゃんはもう二度とぴょんぴょん跳ねることはなかった。身体が硬直して動かないということも起きなかった。

おばちゃんの顔つきは変わっていた。ふっくらと血色よく、笑った目をしていた。私はその顔をまじまじと見つめた。細いつり目の人と思っていたが、その目元はキツネのものだったのだ。

その後のおばちゃんがどうなったかは知らない。取り憑いていたものが戻って来た、という話も聞かないから平穏な日々を取り戻したのだと思う。

けれどおばちゃんが低い波動に同調したら、キツネはまた戻ってくるはずだ。力づくで引きはがしただけで、キツネは消え去ったわけではない。常に私たちのそばをうろついて、こちらをうかがっている。私たちの波動を見て、操れるかどうか探っている。

だ。

生きたまま「あの世」に行った日

憑依《ひょうい》でなくとも目に見えない存在とつながることはある。たとえば霊夢などがそうだ。

寝ている間は意識が無防備なので、よくも悪くも霊的な世界に関わりやすくなる。夢に乗せて守護霊が警告やメッセージを送ってくることもあるし、自分のほうからあちらの世界に行ってしまうこともある。幽体離脱だ。しかし幽体離脱が起きるのは寝ている時ばかりではない。目覚めていながらあの世をのぞいてしまうことだってある。肉体が疲弊している時などに起こりやすい。肉体と魂（幽体）のつながりが弱くなってズレが生じ、本人も気がつかないうちに向こうの世界に行ってしまうのだ。ましてやあの世から強いアピールがあったとなればなおさらである。

私はお盆にひとりで墓参りに行った時にそんな経験をした。普通に現世で過ごしながら、あの世をのぞいてしまったのだ。

まだ7月だというのに、その日は異常に暑かった。行きに立ち寄った花屋の店員さんが、

「今日はひどい暑さらしいですよ。お墓は日陰がないから気をつけてくださいね」

といたわってくれたのを覚えている。行きに乗ったタクシーの運転手さんも同様だ。

「今日の暑さは異常だそうですよ。気をつけてくださいね」

出会う人みんなが心配した。そんな日だったのである。

カンカン照りの墓地は照り返しで目がくらんだ。それでも掃除をしてお花とお線香を上げ、手を合わせると気持ちがいい。生暖かい風すらご褒美のように心地よく、心から来てよかったと思った。

ところがお寺を後にしてから、少しずつ少しずつ感覚が狂っていったのである。

私は菩提《ぼだい》寺を出るとタクシーで日本橋に向かった。日本橋の丸善で万年筆を修理に出すよう母から頼まれていた。丸善で用事をすまし、そのまま向かいの高島屋に入った。夏物のバーゲンセールなど見て回り、お昼をとりに階上に上がったらどこも満員だった。仕方なく、三越に行こうと思い立った。しかしこの2つのデパートは結構離れているのだ。一駅近く歩かなければならない。それでも駅まで戻るのもおっくうな

ので徒歩で向かった。

三越で食事をし、買い物をして家に帰ったのは夕方であった。そんな一日を送ったのである。

ところが家に帰るあたりから記憶がおかしい。

「私は今日、水辺にいた」と思い返している。群青色の水の上、ボートかなんかに乗って女の人と話していた。そんな光景が浮かびそうになる。

いや、違う。墓参りをして日本橋に行ったのだ。高島屋の地下のパン屋で母に頼まれていたクロワッサンを買ったではないか。そう思い直しても脳裏に浮かんだパン屋のたたずまいは夢の中の出来事のようにおぼろげだ。代わって群青色の水が湧いてくる。

頭の中に2種類の記憶があるのだ。

照り返す墓地だけがありありと目に浮かび、それ以降の光景はまるでアルバムの中の古ぼけた写真――現実味がないのである。とはいえ群青色の水の光景も心もとない。「水の上、小舟、着物姿のたくさんの女の人、語り合っている自分」と、浮かんでくるのはぶつ切りの映像ばかりだ。現実の記憶と幻の記憶のはざまで私は目がくらみ始めた。自分が分裂するんじゃないか、と恐ろしくなっていった。

と、そのうち、自宅なのに普段使っているものがどこにあるのか思い出せなくなってきた。

ハサミはどこだっけ？　メガネはどこに置いてるっけ？　いちいち探し回る。疲労とイライラで気がおかしくなりそうになって、私はたまらず尚さんに助けを求めた。

すると彼女は慣れたふうに、

「ああ、わかります、わかります」

と言った。

「あの世に引っ張られてるんです。肉体的に弱ってる時のお墓参りってそういうことがあるんですよ。『供養してくれ』という先祖の思いが一気にのしかかってきたんです。家系を継ぐ者として響子さんに思いを託してきてるんです。お仏壇に手を合わせてお願いしてみたらどうですか？」

そんなアドバイスをもらって仏壇に向かった。

――供養を望む気持ちはわかります。でも、もう気が狂いそうです。勘弁してください。お願いします！

一心不乱に祈って目を開けると浮遊感が消えていた。目の焦点が合って、すっきり目覚めた感じだ。

思えばそれまでお盆の墓参りは必ず母と一緒だったのである。あまりの猛暑に母の年齢をおもんぱかって今回はひとりで行ったのだ。

「これからはこうしてひとりで供養しに来ることになるのかもしれない」

そんなことをぼんやり考えながらだった。

どうやらあの世は今回の墓参りを「世代交代」と受け取ったようなのである。ご先祖は「供養を引き継ぐ者」として私に訴えたいことが山ほどあったのだ。

しかし私の肉体は連日連夜の猛暑で疲弊しきっていた。肉体と幽体の調和が崩れて、私の幽体だけが（まさにあのK公園の霊たちのように）現世とあの世をまたいでさまよい出ていたのだ。

幽霊である彼らが「現世」と「幽界」という2枚のフィルムを重ねて世界を見ていたのに対し、生きている私は肉眼でこちらの世界を、霊的な視点で向こうをのぞく格好になった。

それは霊能者が霊視するのに似ている。ある霊能者は、霊視を「目を覚ましながら額のあたりで夢を見ているのに似ている」と説明してくれたことがあるが、この日の私の経験はまさにその状態であった。その結果、記憶が2分割されてしまった。片方はまぎれもない現実の記憶。もう片方はあの世で魂が経験した記憶である。もっとも仏壇での祈りをご先祖様が聞き入れてくださったらしく、魂の記憶のほうはきれいさっぱり忘れてしまったが。

この経験から、私は霊たちのいる次元と私たちのいる3次元は重なっていることを知った。それはテレビに似ている。あるチャンネルではドラマを、別のチャンネルではニュースを映し出すが、そのどちらの世界もテレビジョンという薄っぺらい板の中のことなのだ。しかも次元を映し出すテレビジョンはもっとチャンネル数が多い。数え切れないほどの世界がひとつのモニターの中に組み込まれている。地獄チャンネルもあれば、天国チャンネルもある、私たちの住む3次元チャンネルもある。

そしてその各々の次元に住む者は、ほかの次元の世界に気づいていない。自分の見ている世界だけがすべてと信じ込んでいる。ちょうど3次元の人間が「死後の世界なんかない」と言い張るのと同じだ。

そのことを理解しているのは勉強を重ねてきた高級霊だけだが、彼らでもその全容を把握しているわけではない。しかし理解することより、自分は巨大な世界の一部にしか過ぎないのだと謙虚に受け止め、感謝することのほうが大事である。それさえわかっていればいいのだ。

霊道の「大通り」と「抜け小道」

ある霊能者に、

「お庭に霊道が通っていますね」

と言われた。霊道とは、文字通り「霊の通り道」のこと。現世のある地点と地点をつなぐ抜け道である。ラップ音が頻繁に起こるのはそのせいか、と思った。

わが家はラップ音が多い。しかもバラエティーに富んでいる。オーソドックスな木の割れるバチッという音から、ゴトッと岩がずれ落ちるような音、カランコロコロとなにかが転がるような軽やかな音が屋根裏でしたこともあれば、パラパラパラと障子に雪の当たるような小さな小さな音が壁と言わず天井と言わず部屋全体から聞こえてきたこともしょっちゅうだった。

黒い影がすっと通り過ぎる。寝ているベッドや友人の座った椅子がカタカタと揺れ出す。

私が住んでいるのは、俗に言う幽霊屋敷なのだ。

母が庭でグラビア撮影をすれば、足元にあえぐように口を開けたザンバラ髪の女の生首が写っている。

また、私が部屋で窓を開けて隠れたばこを吸っていたら、真っ赤な目がこちらを見ていたこともあった。目はそれこそ一服つけた時のたばこの火のように煌々《こうこう》と赤くともった。「あっ」と思ったが、なにせ隠れたばこ中だったので人を呼びに行くこともできず、お互い見つめ合ってるうちにスーッと消えてしまった。目のあったところも、女の生首が写っていたところも霊能者が霊道と指し示したところであった。

またこんな経験もした。ある霊能者と話していた時だ。

「あ、以前、ここで働いていたっていう人が来ましたよ」

霊能者はその霊の立ち姿を真似て見せ、私と母はすぐにその特徴的な姿から誰だかわかった。

「『生前は先生にしょっちゅう怒られていました』って言ってますよ」

「その通りです。亡くなったのね」

と母は言った。

「でもなぜ急に彼女が来たのかしら」

霊能者は答えた。

「霊道が通ってるからですよ。霊道を通ってここに来たんです」

彼女は霊道を通ってどこから来たのだろうか。どこに向かおうとしたのだろうか。

それは生きている人間には絶対にわからない。


どうも霊道には不浄のにおいが漂う。あのK公園の男の子が入って行った「あたたかいところ」とは印象が全然違う。同じ霊の通り道なのにどうしてこうも違うのか。

尚さんは「あたたかいところ」は魂が次の段階（幽界）へ上がるための禊《みそぎ》の場と説明してくれた。そう聞いて私が思い浮かべたのは、小学生の頃プールに入る前に浸かった塩素入りの腰洗い槽である。私たちは腰洗い槽に身を浸すことで身体に付着したさまざまな雑菌を落とした。そうすることではじめてプールに入ることを許された。

だが、霊道はSFにおける「瞬間移動装置」である。同じ次元のAからBに瞬間的に移動するだけで、高い次元に進むわけではないのである。

霊道と呼ばれるところはたいてい風通しが悪い。空気はよどみ、ジトジト湿気も含んでいる。未浄化霊は土地に渦巻いているマイナスのエネルギーに引き寄せられるから、その場所は死んだもののどこに行ったらいいのか、なにをしたらいいのかわからない未浄化霊たちのたまり場になる。

「負の者は負の場所に引き寄せられる」

これは法則だ。その結果、負のエネルギーは強大化し、「道」となるのである。

そうしたところに塩を盛ったり、植物を植えたりするのは先人の知恵だ。せめてマイナスのエネルギーがたまらないように別のエネルギーの風を呼び込むのだ。そうすることで霊道の質を少しでも軽くしようとするのである。

けれどわが家の場合はそれもむずかしかった。塩を盛った程度では収まらない。拝まれなくなった稲荷の祠《ほこら》のせいである。

その祠は私が子どもの頃からあった。銅葺きの屋根と繊細な細工の施された回廊のある立派な祠だった。前の住人が稲荷信仰して、ほったらかしたまま引っ越して行ったのだ。

そこに私の祖母と両親が移り住んだ。そして、なにも知らないままに祠を取り壊して書庫を建ててしまった。

稲荷は怒った。

人間都合で勝手に拝み、用がなくなると邪険に扱い、知らぬとはいえ唯一の依代である祠を取り壊したのだ。かつて神だった存在は巨大なマイナスのエネルギーと化した。巨大な負のエネルギーの渦巻くところは、呼び込むものもすさまじい。


私はある晩遅く、わが家の前で異様なものと出会った。

まだたばこを吸っていたころだから20年ほど前だ。夜の10時を過ぎていたと思う。たばこがないことに気がついて、近くのスーパーまで買いに行くことにした。家を出て住宅街を歩いていた時だった。道の向こうからボロボロの自転車を押しながら五分刈りのやせた男がやって来た。雰囲気がおかしかった。自転車の前かごやハンドルに大小さまざまな赤い風車がくくりつけられ、後ろの荷台には薄汚れた帆布に包まれた大荷物が積まれていた。その姿は北海道でならよく見かける。必要最低限の荷を自転車に乗せて全道一周する旅行者だ。

けれどここは都会の住宅街なのである。その格好はあまりにも不釣り合いだった。五分刈りの男は背筋を伸ばし、遠くに顔を向けたまま瞬きすらせず、自転車を押していた。無駄な動きがまったくないのが不自然だった。彼の足の運びはまるで前衛舞踏の踊り子のように一定で、無機質だった。

私は怖くなった。足を速め、できるだけ彼を見ないように努めた。すれ違いざま、一瞬だけ彼の表情を盗み見た。彼はこちらをいちべつすることもなかった。けれど私は感じたのだ。彼は私を見ていた。目はこちらに向けていないけれど、全神経でこちらをうかがっているのを私は肌で感じた。走り出したいのをこらえて10メートルばかり進み、街灯が見えたので走り出した。灯りの下で振り返ると彼は私の家の玄関の前で自転車を止め、スタスタと門の中に入っていくところだった。私はスーパーまで全力疾走した。携帯電話なんかない時代だ。スーパーの公衆電話に飛びつき、すぐさま自宅に電話した。

「ヘンな男が家の中に侵入したのよ！　家中の灯りをつけて窓にカギをかけて」

母が留守だったので夫に頼んだ。夫は家中の灯りをつけて窓の外をうかがった。

「なにもないよ」

夫は息を切らして戻ってきた私に言った。２人で懐中電灯で庭を照らして回ったが誰もいなかった。確かに自転車を止めるところを見たのに、自転車なんか玄関前にはなかった。


「その男は魔物ですよ」

尚さんは言った。

「風車の数だけ魂を持って行ってますね」

「死に神みたいなもの？」

「神なんて存在じゃないです。闇のもの。低い魂です。霊道にたむろしている魂をマイナスのほうに引き寄せていく存在ですね。憎しみとか怒りとか欲とかそういった負のエネルギーを持つ魂が塊となって霊団化することがあるんです。その男の目的はそれです」

妖怪百目だ。

巨大な霊道はそうしたバケモノまで呼び寄せてしまう。

安寧に「あの世」へ行くたったひとつの方法

幽霊はどこにでもいる。

霊能者によるとウチの近所では軍人さんが散歩しているらしいし、大通りの郵便ポストには女の人が立っているという。誰をたたるでもない、なにかを惜しむわけでもない。殺されたわけでも自殺したわけでもなく、ただ「逝かない」霊がたくさんいる。

K公園の男の子は「死」を知らず、おじさんはこの世に執着を残していた。この2人はまだわかりやすい。中にはなんの執着もないのに逝けない魂もある。世のため人のために尽くしたのに逝けない霊だっている。

人生のほとんどを人の身体を癒やすということに費やした東洋医学の先生がいた。終生、病と闘う人に寄り添ってきた方だ。けれど亡くなって、お弟子さんの元に現れた。なにかを訴える表情だったのでお弟子さんは困惑したそうだ。

また、心霊については誰よりも詳しいはずの霊媒師が、死後お弟子さんのところにやって来て、

「なぜかわからないのだが、どうしても成仏できない」

と嘆いたエピソードも聞いたことがある。

善行を働いたから、死後の世界の知識があるから逝けるというわけではなさそうだ。こうすればあの世に行けるという「方法」などない。それは当然である。「方法」は解答であるが、大事なのは解答ではなく、解答を導き出すための道筋だからだ。問題集の解答欄をカンニングして答えを埋めても身にならないのと同じなのだ。間違えたり、何度も解き直したりする過程そのものがあの世への切符だと思う。乗り越えるべき課題は、失敗やミスが教えてくれる。同じミスを繰り返すうちに自分のクセや直すべき問題点が見えてくる。「怒り」や「憎悪」の底に、自分の魂を成長させるためのヒントが隠されていることも知るだろう。

詩人のアンドレ・ブルトンは「人生は解き明かされるべき暗号に満ちている」と書いたが、その通りなのだ。間違いも恥も負の記憶も自分の人生を解き明かす暗号だと受け入れることができた時、その人は「あたたかなところ」を見つけるだろう。

年をとると足腰が弱る。耳が遠くなる。歯が抜ける。目が疲れやすくなり、友だちがひとり、またひとりと減っていく。それは寂しいことに違いないが、同時に内省に入る時が訪れたことを知らせてくれるシルシでもある。

老人は自分の人生を振り返り、向き合う。昨日のことは忘れても、昔のことに限ってはっきり覚えている。記憶の中には腹の立つことや悲しいことがたくさんうずもれている。けれどふと気づく。それらは決して無意味ではなかったのだ。走ってきた線路を振り返ると、自分を成長させ、変化させてくれた大事なターニングポイントの前には、たいてい負の出来事があったことに思い当たる。そうしてその人は、負の思い出すら感謝の念をもって受け入れるのである。

それこそ死に支度というものに違いない。

波動が高くなればなるほど喜怒哀楽はなくなると聞いた。死んだばかりの御霊は「怒り」「悲しみ」にとらわれやすいが、波動が高くなればなるほど感情の起伏はなくなる。感情にとらわれることの無意味さを知って、神の沈黙に近づいていくのである。そうして最後には人の魂は水晶玉のような真円になるのだそうだ。

「神は神に似せて人を作った」と聖書はいう。どうやら私たち人は神のニセモノのようだ。けれどニセモノにはニセモノの使命があり、本分がある。それは限りなくホンモノに近づこうとする思いだ。

堕落した人間でも、ある時ふと「このままじゃダメだ」と思うことがある。「人のために生きよう」と決意することがある。人にはそうした可能性があり、救いがある。

私たち人間は、魂を向上させたいと願う唯一の生き物だ。それを心に留め置くだけでも、「あたたかいところ」に近づけるに違いない。

第二章　時間の止まった者たち

日本一の幽霊集合住宅での出来事

今から20年ほど前、大手メディアによって大々的に報じられた怪奇現象があった。舞台は東海地方の集合住宅とだけ書いておこう。そこで起きたことは雑誌に取り上げられ、テレビで特集を組まれ、マンガ化もされたから、多くの方がご存知と思う。

食器棚が勝手に開いて中にしまってあったお椀が3メートルくらい水平に吹っ飛ぶ。シャワーや水道からひとりでに水が出る。触ってもいないのにテレビがつく。勝手にチャンネルが切り替わる。夜中にパタパタと走り回る足音がする。コンセントの抜けているドライヤーがいきなり動き出す。壁の画びょうが飛ぶように抜け落ちる。ガスレンジの火がひとりでにつく。カーテンが音を立てて開く……。

ざっとこんなことが起きた。

それ以外にも、天井から知らない「おじちゃん」が顔を出しているのを子どもが見ているし、部屋に立っている知らない「女」や、押入れの中に座っている「老人」の目撃談もある。

私はその幽霊住宅に行った。母がさる霊能者と一緒に心霊の取材に赴いた時、お供したのだ。

駅からタクシーに乗った。タクシーは何度もその住宅に人を運んでいるらしく、詳しい説明をせずともスルスル走り出した。

しばらく田畑が連なるだけのとりとめのない風景が続き、やがて20分ほど経っただろうか、田園の中にマッチ箱のような建物がぽつんと現れた。それが問題の集合住宅だった。マスコミが殺到したのがウソのようなのどかなたたずまいだ。

タクシーを降りると霊能者が、

「この間来たときは、ここ、もう宗教のるつぼみたいになっていたんですよ」

と言った。彼と母は2度目の訪問である。前回はチャイナドレス姿の霊能者とおぼしき女性がウロウロしていたということだった。それこそマスコミに混ざって、霊能者、宗教家、心霊研究家など、スピリチュアルに関連したあらゆる肩書きの人々が、日本中からわらわらと集まって来ていた時分だった。

祝詞を上げる人もいれば、お経を唱える人もいた。祈とうしたりお払いしたり霊を呼び出したり、あらゆることが行われた。この地はそうした宗教的行為が生んだエネルギーやあらゆる想念（マスコミの前で一旗あげて見せたいという霊能者の野心も含め）の吹きだまりとなった。いい気もよこしまな気もいっしょくたになってごうごうと渦巻いていた場所なのだった。

その時は一角に慰霊碑が建っていたという。ある霊能者の助言で建てたのだが、別の霊能者はそうしたものを建てるとほかの未浄化霊まで呼び寄せ、依代化してしまうので壊したほうがいいと忠告した。霊視のたびに住人は翻弄《ほんろう》される。

一度は拝んだものを今度は壊さなくてはならない。皆が尻込みする中、勇気ある数人が名乗り出てハンマーを振り下ろした。その時のがれきは私たちが来た時、まだ前庭に残っていた。

「壊した人はそれで腰を痛めたんだよ」

自治会長さんは言った。

こうなると、霊障なのか人災なのかわからない。

以前来た時、母たちは自治会長さんや数人の住人と知己を得ていた。私たちは前庭に置いてあったブロックやペンキ缶を椅子代わりに、会長さんから後日談を聞いた。

ある住人は霊能者から除霊と称して塩つぼを頭からぶちまけられた。

1軒当たり100万円で除霊するという詐欺師もやって来た。断ったら、「人が死ぬ」と脅してきた。

その上夜な夜な物見遊山の肝試しがやって来る。キャーキャー騒ぐので「静かにしてくれ」と頼むと逆にすごんでくる。

「幽霊より人間のほうがタチが悪いよ」

会長さんは力なく言った。

「そういえばあれから私のところに武者が現れたよ」

会長さんが自宅の居間に入って行ったところ、彼がいつも座っているコタツの一角に青い顔をした武者がいたのだという。

「どうしてだか怖くなかったんだよね。それよりかわいそうだなぁと思った。なんか悲しそうなつらそうな顔をしてね。うつむきがちでね」

同行した霊能者の霊視によると、戦国時代ここはやぐらがあったという。集合住宅はそのやぐらとピッタリ重なる形で建っているのだそうだ。

やぐらは敵陣を見張っている。敵陣は川を隔てて数キロ離れた神社だ。そうして日が沈むと敵は攻め込んでくる。毎晩、毎晩、両陣は争う。何百年か前に繰り広げられたのとまったく同じ戦を彼らはいまだに繰り返している。

前回は取材が夜まで長引いたので、母たちは目に見えない戦の真っただ中に放り出された格好になった。その霊能者は、空気を切る矢の音を聞き、射抜かれた雑兵がドサリと降ってくるのを見たという。

「彼は毎晩、同じところを射られては、同じところに落下しているんです。でも会長さんのところに出てきた武者だけはわかってるんです。とうに戦が終わっていることを。今はもう戦の時代じゃないことも、生きている人間に迷惑をかけていることもみんなわかっている。けれど彼にはどうすることもできない。部下が戦っているのに自分だけ成仏するわけにはいかない。その無念と謝罪の思いを理解して欲しくて会長のところに出てきたんです。会長さんをこちら側（生きた人間側）の長だと思ってるんですね。だから会長さんの席に座っていた。長が長に訴える、という意図がそこにはあるんですね」

母が聞いた。

「その武者が部下に戦をやめるよう命令するわけにいかないんでしょうかね」

「そこまで権力のある武者ではないんですよ。もっと上の者が命じなければ下は聞き入れない」

「じゃあ、この戦をしかけた武将が命じればいいんですね」

「そうなんです。でももうその武将はいない。自分だけ向こうの世界に行ってしまったのです」


その後、私たちは敵陣のある神社へ向かった。

神社はうっそうとした樹木に囲まれてしんとたたずんでいた。鳥居の向こうに、献灯に縁どられた参道がまっすぐ本殿へと伸びていた。神主不在だが立派な神社だ。一礼して鳥居をくぐり参道を行く。木漏れ日は美しく、緑の香りは清々しく、私は気分よく歩き出した。足が軽い。どんどん進む。ふと振り返るといつの間にか母たちは随分小さくなっていた。ちょっと待とうかとも思ったが、やっぱりどんどん進んで一足先に本殿に着いた。

知らなかったが、その時彼らはこんな会話を交わしていたらしい。

「木の陰からこちらに狙いをつけて鉄砲を構えているのがいっぱいいますね。じっとうかがってます。我々を敵だと思ってるんですね」

「なぜ敵だと思うんですか」

「集合住宅のほうから来たからでしょうね。敵地からやって来たから向こうの者だということになるんでしょう」

「じゃあ先に神社に回ってから集合住宅に行ってたら、住宅側の霊は我々を敵とみなしたんでしょうかね」

「そういうことになりましたね」

それからすっかり先を行ってしまった私を見て、霊能者は笑いながらこう言った。

「響子さん、憑依されてますね。後ろに憑いてる」

まったく気づかなかった。私の背中に球のようなものが貼りついていたらしい。

2人を待って本殿の裏に回った。ひざまで伸びた熊笹をザワザワかき分けて行くと目の前が開け、遠くにくだんの集合住宅が見えた。

「よく見えますねぇ！」

「陣を構えるならここがいいでしょうね」

2人はそんなことを話していた。

一方、私は気が気じゃなかった。先ほどから熊笹の中をなにかが動き回る音がしていた。風の渡る音とは違う。笹の中を素早く蛇が動き回っているような低い音だ。我々を取り囲むようにザザザッと移動している。

と、急にひどい疲労感を覚えた。身体が重くなった。

本殿を回って参道に戻り、鳥居を抜けて一般道に出た。その頃にはもう立っているのもしんどくなっていた。

「響子さん、憑かれてしまいましたね」

霊能者が言った。

「あんた、憑かれながらさっさかさっさか調子よく歩いていたねぇ」

母が私をからかって笑った。

タクシーを待つ間、その霊能者が除霊してくださったが、眠くて眠くて仕方がなかった。帰りの電車の中はこんこんと眠ったのでなにも覚えていない。

霊道あるところに幽霊屋敷あり？

時々想像する。

こうしている今も彼らは戦っているのだろうか。戦は終わり、安寧の時代に入っても、いまだに殺し合いの想念に支配されて毎晩毎晩同じことを繰り返しているのだろうか。地獄がどういう所かわからないが、これも地獄のひとつの形と思う。

その一方で新たな疑問も湧く。あの集合住宅の住人が目撃したのは武士に限ったことではなかった。髪の長い女や、おじちゃん、おばちゃんと呼ばれる現代に近いいでたちの霊も何度も現れているのである。彼らは戦国時代の戦とは無関係と思われた。ではなぜ彼らはそこにいるのか？

もしかしたら霊道が通っているのではないか。

負の存在は負の力に引き寄せられる法則があると尚さんは言った。あの地で起きた大きな負が巨大なブラックホールになって、時代を超えて霊を引き寄せているとは考えられないだろうか。

「霊道」と聞くと私はいつもブラックホールのイメージが湧く。

ブラックホールは太陽の30倍以上の質量を持つ恒星が最終段階で大爆発を起こすことで出現する。爆発した恒星は核融合を繰り返しながらどんどん膨らみ、やがてエネルギーを使い果たす。すると今度は一気に収縮が始まる。莫大《ばくだい》な重力が星の中心一点に向かって集まっていくのだから、かかるパワーは相当なものだ。果てにそのパワーは空間に穴をうがつ。その穴こそブラックホールなのだ。

心霊の世界にもこれによく似た現象が起きているのではないか。よくない土地には忌まわしいことが起きる。自殺が相次ぐ在来線やマンションがそれだ。負が負を呼び寄せて大きな力となって穴をうがち、さらに負の存在を呼び集めて災いを招く。そこにはもはや時代も縁故も関係がない。共通しているのはマイナスの波動だけだ。

わが家の霊道はかつてお稲荷さんの祠があったあたりだ。拝まれなくなった稲荷神が穴をうがつほどの大きなエネルギーの元となった。

霊能者はそうした場所には近づかないほうがいいと言う。見捨てられた神社は一番恐ろしい。かつて手を合わせて願いごとをした人間の欲や、救われたいと集まってくる魂がマイナスエネルギーに吸収され、ブラックホールを巨大化させているからだ。

ある霊能者は、ごく普通の神社でさえ午後2時以降の参拝は勧めないと言っていた。人間の情念や欲望は汚れていないはずの神域さえ侵してしまうのだ。拝まれていないところならなおさらである。

あの集合住宅に霊能者は終わらぬ戦を見た。別の霊能者は戦国時代の宣教師を、また別の霊能者は比較的現代ふうの初老の男をそれぞれ見た。どれが正しくてどれが間違いという話ではない。あそこはそういうタチの場所なのだ。おじさんもいれば、髪の長い女もいる。武者もいれば雑兵もいる。異なる時代背景、理由を抱えながら、よく似た低い波動で彼らは縛りつけられているのである。

ちなみに霊視に関しては、ひとりの霊能者がコップを使ってこのような解説をしてくれた。

「たとえばこのコップも真上から見ればただの丸です。横から見れば逆さにした台形を伸ばした形、下から見れば二重円です。でも同じコップなんですよ。見る角度によって形が違うから全然別物に見えているだけなんです。霊視も同じことが言えます。まったくお門違いのことを言っているように見えて、実は真実を別の角度から見ている場合もあるので、霊視をどうとらえるのかはむずかしいんです。見え方はさまざまなんですよ」

霊能者は低い波動で絡み合ったダンゴの中のいろいろな断片を見る。私たちが立っている大地のあちこちに、歴史が作り出した負の想念が染み込んでいる。

歴史の裏側から叫ぶ者たちの声が聞こえる

第一章で書いた「あの世のお話会」の心霊スポット巡りでは、東京西北部にあるH公園にも行った。この公園は巣鴨プリズン跡であり、太平洋戦争の戦犯の処刑場である。そのせいか心霊現象のうわさが後を絶たない。

面積はさほど広くはない。噴水前の広場はにぎやかだ。ホームレスが野良猫をあやしたり、サラリーマンが休憩していたりする。ところが公園を一巡する遊歩道は違う。深海のように静かなのだ。尚さんと一緒に歩いたが、人の姿はおろか猫すらいない。

「無意識のうちにみんな避けてるんですね」

尚さんは言った。

「このあたり時空がゆがんでるんです。わかります？」

わからない。

彼女が指し示したのは広場から遊歩道に入るとっかかりであった。うっそうと茂った植え込みが暗い影を作っている。私はあたりを見回して低木に縁どられた慰霊碑を見つけた。碑に刻まれた銘をよく見ようと近づいて、尚さんに、

「響子さん！」

と呼び止められた。同時に頭が殴られたようにクラッとした。

「あ、急にクラっときた」

「響子さんのセンサーが働いたんですよ。あの碑に近づくのはちょっと危ないんです。よかった、センサーが働いて」

私は霊的によくない場所に近づくとクラッとくるタチらしい。尚さんは笑いながら「響子さんのクラッとセンサー」と名づけた。

気を引き締めながら碑に近づいて文字を読む。

——永久平和を願って——

戦争犯罪者となればあからさまに供養することもはばかられる。「永久平和を願っ

て」という文言には、「戦争さえなければ戦争犯罪者だって生まれなかった。平和を約束することで、すべての死者への弔いとしたい」という思いが見える。苦肉の策と思う。けれどやはりそれでは彼らには通じないようだ。

「残念ですがすごく怒ってます。ここで処刑された人たち、戦犯とされた人たち。『好きでやったわけじゃない。命令されたからやったんだ』と言ってます」

尚さんは私が手を合わすことも止めた。

「お花が供えてある。供養しようという人もいるのに届いてないの？」

「ひとりや2人が手を合わせたところで間に合わないんです。『見捨てられた』という意識が強いです。いろんな思いを背負って国のために働いたのに誰も振り返ってくれない。激しい怒り、恨みが渦巻いてます。もうどんな言葉も受け入れないでしょうね」

もう一度遊歩道を見た。暗いトンネルに思えた。霊現象のうわさが絶えないのは、ここも霊道化しているからかもしれない。

靖国神社でも考えさせられた。

私と夫と尚さんは靖国を訪れ、そこで多くの問題を突きつけられたのである。だがそれを書く前に、そこに行くことになった経緯に触れておかなければならない。

皇居探訪だ。

私たちが「心霊スポット巡り」の次に企画したのは「パワースポット巡り」であった。「心霊スポット」の対極にある「いいエネルギーを発する場所」を訪ねて、「いい『気』とはどのようにして生まれるのか」「いい『気』をいただくとはどういうことか」「そもそもいい『気』とはなにか」をレポートしようと考えたのだ。いくつかあるパワースポットの中からやはり尚さんにチョイスを任せた。その中にあったのが皇居だ。

取材当日、私たちは皇居近くの駅で待ち合わせた。どこだったかは思い出せないが、駅の外に出たら気持ちのいい芝生のじゅうたんが広がっていた。周囲を車が走り回っているとは思えないほど清涼な空気に満ちていた。

「さすがパワースポット！　とってもいい気が流れている」

私たちは鮮やかな緑の上をしばらく歩いて車道を渡った。

石垣が見えた。やがて石垣を囲むお堀も見えてきた。私たちはお堀の際に立ってふちを見下ろした。そこに広がっていたのはこけ色の水だった。水面は油を垂らしたようにしんとして動かなかった。私は見てはいけないものを見た気がした。尚さんは無言で堀端を眺めていた。

私は聞いた。

「ここはどう？」

彼女は、

「今までと全然違う」

と首を振った。

「この中からいろんな声が聞こえてきます。水の中からです。日本語もあるけど、よその国の言葉も聞こえる。恨みつらみです。でも、石垣の中はそんなイヤな感じはしないんですよ。この水の中だけ。お堀の中だけとてもよくないんです。ここ、すごく妙な印象のところ。今まで歩いてきた芝生のところと皇居の中はとてもいい。このお堀だけがよくない」

私はふと、古神道の研究家であり霊能者でもある相曽誠治さんの話を思い出した。

母から聞いた話だ。

以前、相曽さんは他の霊能者と力を合わせて皇居の道灌濠《どうかんぼり》の浄化を祈念されたことがあるそうだ。その時、次から次へと国に仇《あだ》なす悪霊が現れた。二・二六事件の将校が、崇徳上皇が現れ、最後には黒い龍が上がって行ったそうだ。

「もしかしてこのお堀が結界になっているってことないかな」

「あると思います。そうして皇居の中を守っているんだと思います」

「そもそもここは徳川の城だろ。家康のブレーンには天海（天台宗の僧侶で家康の側近）がいたわけだからね」

夫が言った。

「江戸城の鬼門と裏鬼門に寺を建立して魔を防いだのは天海だし、五色不動を配して江戸を守るよう家光に助言したのも天海。ここもそうした結界は当然作られていると思うよ。そう考えると天皇陛下がここにお住まいの理由もわかってくるじゃない」

日本に怒りを覚える人が日の丸を引き裂き、燃やす。象徴とはそうしたものだ。「日本憎し」の想念は、日本人一人ひとりの上を通過してすべて皇居へと集中してしまう。その想念の中には政治家の失言や海外における日本人旅行者のマナー違反、悪ふざけなども含まれているはずだ。憎悪の念は堀端で食い止められる。結界が働いて水面下に沈められる。そうして水の中で泡立つメタンガスのようにブクブクと怨嗟の声を上げ続けるのだ。

上皇陛下はそんな中をお出かけになられた。ご自身の使命として災害に嘆いている国民がいれば寄り添い、戦火に見舞われた地があれば迷える魂を慰めるべく鎮魂に向かわれたのである。「象徴とはかくあるべき」という強い信念をお持ちだと聞いたことがある。その使命は今上天皇がきっと引き継いでくださるだろう。

かつて相曽さんが言っていた。

「どんなに嘆き苦しんでいる魂も天皇陛下が祈りを捧げれば納得して上に上がって行くのです。陛下はそれをご存知で、お身体に無理をかけても慰霊の旅にお出かけになられるのだと思います」

あの集合住宅の武者たちと同じだ。

戦をしかけた総大将は戦死した部下たちを放ってあの世に行ってしまった。戦国時代は人など捨て駒だ。死んでいった下っぱ兵士の死などいちいち弔うつもりも余裕もなかったに違いない。しかし捨て駒にも魂はある。見送られなかった彼らはいまだにしゃばに縛りつけられている。自分が引き起こした戦でもないのに同じ晩を何度も何度も繰り返し、何度も何度も殺されていく。

私たちの国は、いや、地球という星そのものにあらゆる不幸が染み込んでしまった。人や家系に因縁があるように、国にも星にも因縁があるという。もはや解きほぐす箇所すら見失い、因縁の糸は絡まり続ける。絡まりながら回転する地球は決してほぐれないいびつな毛糸玉だ。それでも明日は来る。私たちにできることはなんだろうか。

それを考えて、私と夫と尚さんは靖国神社に向かうことにしたのだった。

昇華されない「カルマ」が脈打つ靖国神社

菅原道真は太宰府天満宮、平将門は神田明神、崇徳上皇は白峯神宮といったように、恨みを残して亡くなった者を神格化して祀る「人神《ひとがみ》」という信仰の形態が日本にはある。神として祀りあげることでたたりを鎮めるのだ。靖国神社もそのひとつである。

靖国神社ほどいかめしく厳しいオーラを放つ神社はないのではないだろうか。どんな厳かな神社も参拝に来た者を包み込むような温もりがあるものだが、靖国の印象は硬く冷たい鉄の塊のようだ。

巨大な鳥居で一礼し、玉砂利を鳴らして拝殿へ向かう。

以前から一度は来るべきところと思っていた。水木しげるさんの『総員玉砕せよ！』を読んでからは、その思いはますます強くなっていた。作品に描かれていた戦争体験は言葉を失うほどやるせなく、腹立たしく、ひどかった。私は無力感を覚えた。善人、悪人の別なく、この時代を生きたすべての人のエネルギーが、よくないほうへよくないほうへと絡めとられ、救いの道はどこにもなかった。誰にということなく私は手を合わせたくなった。

「私たちの今日は皆さんの犠牲の上に成り立っていることを忘れません。よりよい未来を目指します」

そう伝えたくなったのである。

いつも通りの二礼二拍手の参拝を終え、尚さんは切り出した。

「残念ですがここはもうイッパイイッパイです。もうこの神社では抑え切れない」

「なにを抑え切れないの？」

「御霊の思い、です。本来鎮魂の場であるべきなんだけれども、カバーし切れてないんです。『わかってもらえない』というやり切れなさの上に外部からの悪念が降りかかってきています。煮えたぎった湯が今にも鍋からあふれ出そうとしているような感じ、と言ったらいいかな」

「よその国が、日本の閣僚が靖国神社に参拝することを問題視していることも関係している？」

「しています。ここは過去のカルマを一身に背負ってくれている場所なんです。神としてあがめる以前の、果たすべき役割がある場所なのにまったく理解されていないんですね」

「理解するにはむずかしい場所だものねぇ」

しかし今の平和の礎に彼らの犠牲があるのなら、私たちは彼らの死を尊重すべきなのではないだろうか。戦争が忌まわしいことぐらい誰だって知っている。だからこそ過去を切り捨てるのではなく、そこから学ぶべきではないのか。

「もし誰も参拝をしなくなったらどうなるの？」

「昇華されるべきカルマがどんどん膨れ上がっていくでしょうね」

「カルマが膨れ上がるとどうなるの？」

「因縁を背負った人の人生に理不尽な苦しみが降りかかってくるのと同じです。それが国レベルで起きるんでしょうね」

カルマは解決される時を待っている。ある意味カルマはよりよい未来を構築する上での土台といってもいいだろう。問題と向き合い、解決すべく努力すれば美しい未来につながっていくと思う。しかし、放置すれば状況は悪化する。カルマがあることを知った上で放っておけばなおさらだ。表面上はなにもなくとも、表皮の下でうみがたまっていく。たまったうみはやがて破裂する。それは、波動が乱れ、人心がすさんで、世の中が荒れるということではないか。

第一章でも書いたように、あの世の波動とこちらの波動はシンクロしている。今を生きている人間のエネルギーがよくないほうへよくないほうへと絡めとられれば、ささいなことでギスギスし、怒りを生み、弱い者をいたぶって憂さを晴らすような人間が増えてくるだろう。

靖国神社はドクンドクンと脈打つ傷口だ。手当が必要なのである。

私たちが参拝した数日後、神社のトイレで外国人による爆発騒ぎがあった。

「〝霊界〟がなくなる日」がやって来る？

ちょうど靖国神社を参拝した頃、私は母から気になることを聞いていた。

霊能者の中川昌蔵さんの話だ。神々の世界では「霊界」をなくそうという動きがある。生前、中川さんがそうおっしゃっていたというのだ。

人間は死んだらまず幽界に向かう。そのことについては第一章で書いた。真っ白な魂で霊界に向かうため、生きていた時に受けたいろいろな影響や未練を幽界で洗い流すのだ。そうして身ぎれいになって霊界へ向かう。霊界は修行の場ではない。心ゆくまで自分の望む時間を送る場所だ。絵を描きたい者は好きなだけ絵を描くし、花に囲まれて暮らしたい者は満足するまで花と触れ合う。霊界で望むことをやり尽くし、一切の執着を払って修行の道へ入るのだ。

神々の間でその「霊界」を消滅させようという動きがある。中川さんはそうおっしゃったというのだ。

霊界がなくなるとどうなるのだろう？

「幽界からいきなり地獄か天界へ行くことになるらしい」

そう母は言った。しかも私からその話を聞いた尚さんも、

「ありうることだと思います」

とうなずいた。

「一部の神様が人間にさじを投げようとしておられるんです。どちらかというと宇宙を司る神様ですね。神様によって担っているところが違いますから。それを我々のそばに寄り添ってくださっている神様——地球由来の神様といっていいかもしれません——が一生懸命なだめていらっしゃいます。仏教、キリスト教といった神々です」

「なんで？　なにがいけないの？」

「もう同じことの繰り返しだとあきらめていらっしゃる神様がおられるんです。でもまだ人間には救いがある、可能性があると、地球由来の神様は信じてくださってます。それで一生懸命食い止めようとなさっています」

以前、ある霊能者に、この地球が滅んだら人間の魂はどうなるのかと聞いたことがある。生まれ変わりの器を失って、人間の魂はどう成長していくのかと。地球によく似た星で同じように修行を続けるのだそうだ。

第一章でも書いたが、人は神に似せて作られた「ニセモノ」だ。ニセモノはその性《さが》としてホンモノに近づきたいと願う。だから時に迷いながら、遠回りをしながらさらに上を目指すのだ。肉体が滅んでも、星が消えても、その高邁な意識だけは旅を続ける。

不遇だった過去から学んで自分の魂の真の目的を知る時、自分がいかに祝福されていたかを知る。不幸の中に隠れていた恩寵に気がつく。しかし霊界がなくなるということは、学ぶ場所が失われるということだ。そこで時間は止まる。知る喜びもチャンスも失われ、心は成長することなく、永遠にその場に凍りつく。

中川さんは霊界がなくなる理由についてはなにも語らずにあの世に帰られた。その理由は我々の知っていいことではないのかもしれない。「与えられた命題についてとことん考えなさい」とおっしゃりたかったのかもしれない。

きっと人によって答えは異なるだろう。天がさじを投げた、でもいい。新しい霊界のシステムの誕生でもいい。人それぞれの価値観が反映された考えがある。それでいいと思う。答えはひとつとは限らない。

波動を上げる5つの条目

以前「あの世のお話会」の質問コーナーで、

「波動を上げるとはどういうことですか？」

と聞かれたことがある。私も尚さんも「波動」という言葉をしょっちゅう使うのに、そう聞かれると答えに窮した。

「つまり……多分……いい人になるということだと思います……」

私は答えた。

われながらこの答えは間が抜けて聞こえた。けれどそれ以外言いようが見つからなかった。一緒にいてホッとするような人、あたたかい人、そういう人は波動が高いが、じゃあ、どうしたらそういう波動の高い人になれるかは私にはわからない。一生懸命考えて、先述の中川さんの「幸福のソフト」を思い出した。

「幸福のソフト」は中川さんが波動を上げる方法を5つの条目に書いたものだ。ある時母が、

「これをトイレに貼るといいらしいよ」

と教えてくれた。

「読んではダメなのよ。覚えようとしてはいけないの。ただぼんやり眺めているうちにいつの間にか心に染み込んでいる、それが大事なのよ。トイレに貼って見るともなしに見ているのが一番いいらしいよ」

私が知っている唯一の波動を上げる方法がそれだった。

そこで私は「あの世のお話会」に集まってくださった方にそれを配ることを思いついたのである。私が生んだ言葉ではないが、大切なことを多くの人に広めるのだ。きっと中川さんも認めてくださるに違いない。

私は一字ずつ心を込めて半紙に書き写した。

一、　今日一日　親切にしようと想う

一、　今日一日　明るく朗らかにしようと想う

一、　今日一日　謙虚にしようと想う

一、　今日一日　素直になろうと想う

一、今日一日　感謝をしようと想う

中川さんがつけ加えている2行も忘れずに記した。

意識してはダメです
意識して実行すると失敗します

「ここが大事なんだそうだよ。無理やり言い聞かせたらダメなんだ。できないからって自分を責めるのもダメ。ぼんやりが大事。ぼんやり思って、いつの間にか染み込んでるっていうのが一番！」

そう母は言った。

「思う」ではなく「想う」という漢字を使っているのは、「頭に刻み込むのではなく、心でイメージしなさい」ということなのだろう。

雑念ばかりの私だが、この条目を書いている間だけは本当に人の幸福を祈念した。そのせいか書き上げた時はヘトヘトだった。

たぶん中川さんは「そういう力づくではダメですよ」とおっしゃるだろう。そんなことを想像しながら、それでも波動を上げる方法をひとつでも提示できることがうれしいのだった。

さて私たちはどんな時代を作ろうか

月に1回、整体に通っている。さすが整体の先生は人間の身体の仕組みをよくご存じで、「なるほど」と感心するお話をよく聞かせてくださる。この春はエネルギーについて教えてくださった。

前の晩に私の娘がイライラして物を乱暴に扱ったり、自分に八つ当たりしてこぶしで腰のあたりを殴ったりしていたので扱いに困った、とコボした時だ。

「エネルギーが余ってるんですよ」

と先生が教えてくださった。

「春先はエネルギーが芽吹く季節なんです。植物でも動物でも、人間でも。大昔は人類も春に発情期が来て営みがあったんじゃないでしょうかね」

「そういえば〝木の芽時〟と言いますもんね。でも娘は『眠い、眠い』って言うんですよ」

「眠るのもエネルギーを消費するんですよ。寝すぎて疲れることもあるでしょう？」

「運動するといいのかな」

すると先生は、

「いや、それとはちょっと違う」

とおっしゃった。

「このエネルギーは破壊のエネルギーなんです。サンドバッグをたたくほうが合っている」

私は娘が自分の腰をムキになってたたいていたことを思い出した。

「たとえば自傷行為とかいったこともエネルギーが余っているせいでしょうか」

「そうです」

と先生はおっしゃった。

だとすればいじめとか幼児虐待もエネルギーの内向が関係しているのではないだろうか。余剰エネルギーの決壊だ。

近年、幼児虐待のニュースをよく聞く。事件として取り上げられているだけでも多いのだから、見えないところではどれだけ多くの弱者が泣いているだろうか。知己のある養護施設の関係者によると、入園した子どもたちのうち、7割が虐待からの保護だという。2割が親によるネグレクト、真の意味での遺児は1割だそうだ。

昨今の事件でも、「やむなくやってしまった」というより「虐待を楽しんでいる」としか思えないケースが目立つ。なにかが狂ってきているのだ。どんな動物も持っているはずの「子を守りたい」「子が愛おしい」という親の本能がゆがんできている。

虐待、ストーカー、あおり運転……最近よく目にするキーワードを並べると、そこには共通して「抑えがたい凶暴なエネルギー」がある。ことに男性がいら立っているように見える。

どこかで彼らのエネルギーがねじ曲げられているのだ。せき止められ、うっ屈し、自分の内側に逆流してちょっとしたきっかけで一気に爆発させる。

尚さんは言った。

「太古の昔、男は狩りに出て行ったんです。生物学上、そもそも男の身体はそういうふうに作られているんです。大昔は男性としての役割がとてもわかりやすい形で発揮できたんだけど、現代では男女の能力差がほとんどないんですよ」

「これは大変むずかしい問題だけれど」と前置きして尚さんは続けた。

「男性の立場があやふやになってきたということなんです。その結果、男性の中の『女子供を守る』という感覚にズレが生じて来たんです。もともと男性には生物学上、動物的な衝動が備わっているんですよ。知らないうちに抑え込んだ衝動は行き場を失い、凶暴な形をとって外に出てしまうんです」

どんな動物にもオスとメスの性的な差異はある。どちらが優秀とかいう以前の生物学上の特徴だ。たとえば犬のオスは縄張り意識が強く、自分のテリトリーを守ろうとする傾向がある。だからグループのリーダーは圧倒的にオスが多い。一方、メスはおおらかで協調性があり、リーダーに固執しない。

猫にしてもオスは好奇心が強く行動範囲が広いが、メスは総じて警戒心が強く、そのため行動範囲が狭くなっているのである。オス、メスそれぞれの役割に則した特徴が備わっているのだ。

だが高度に発達した人間は違う。生活に男女の性差がなくなって対等になった。差別が減ってきたことは喜ばしいが、もともと男性に備わっていた能動的エネルギーは行き場をなくしてしまったのだ。

同時に子どもの生命エネルギーは弱くなってきている。娘がお世話になった幼稚園の先生はおっしゃった。

「最近は『皆さん、お口チャックですよ』というと本当に静かになるんです。みんなおとなしくおひざに手を置いて聞いてくれるんですよ。でも、それってなんだかおかしいなって感じるんです。以前はいくら注意しても聞いてくれないお子さんがたくさんいました。声が枯れるほど注意したんです。大変だったけれど、でもそれが私の知っている子どもらしさなんです」

子どもは暴れる時は暴れる。いくら親が声を枯らしても聞く耳持たず大はしゃぎする。そうして遊ぶだけ遊んでコロッと寝てしまう。いったん寝たらなかなか起きない。

よく遊園地などで若いお父さんの背中でこんこんと眠り続ける子どもを見かけるが、それはエネルギーが正しく循環している姿だ。きっとさんざんはしゃいで遊んだ後なのだろう。ぐっすり眠って目覚めればまた騒ぎ出すに違いない。寝相にしても同じだ。子どもの寝相は大暴れ。90度回転したり、逆さまになったり、時には布団から完全に外れてとんでもないところで眠っていることもある。それだけエネルギッシュということだ。じっと上を向いて眠りにつき、翌朝、そのまんまの格好で目が覚める老人はその対極である。エネルギーが枯渇しているのだ。最近、私自身がそうなってきた。

そんな子どもたちがおとなしくなってきた、と何十年も子どもたちを見てきた幼稚園の先生が心配していらっしゃるのだ。

小学1年生が「死にたい」と口にし、実際に自殺に踏み切る子までいるのは異常事態と思う。若い世代の死因第1位が「自殺」というのは先進国では日本だけだ。

高い波動に触れて太古のリズムを取り戻す

「スマホとかパソコンとかどうなんだろうね」

ある時、私は尚さんに聞いた。

以前から気がかりだった。昭和世代は成人してから情報機器に接しているが、今の子どもたちはもう赤ん坊のころからスマホやパソコンに囲まれている。最近では授業にパソコンを取り入れている学校もあるし、コンピュータープログラミングは必修科目になろうとしている。

しかしその前に人として学ばなければいけないことがあるのではないか。

「インターネットとかって本当に口汚いでしょ？　たいしたことでもないのにあおったり、ののしったり。問題提起が目的じゃなくて、人をなじることで憂さ晴らししているように見える。自分と意見が違うとか、小さな言い間違いとか、もう鬼の首でも取ったかのようにののしる。場合によってはやってもいない殺人のぬれぎぬを着せられた人もいるんだよ」

私は世の中のエネルギーの乱れの原因の中に、ネットのあり方が絡んでいるような気がしていた。言葉や手紙と違ってネットに乗った文言は古びることなく永遠にサイバー空間を漂う。場合によっては閲覧した人の中に眠っていた怒りや悪意を磁石のように引き寄せる。

「電磁波って波動が低いんですよ」

尚さんは言った。

「ネットに依存している人はその低い波動にチャンネルが合っている状態なんです。ずっと陰のスイッチが入ったままなんですね」

本来、この星に住む動物として身についているエネルギーの流れがある。それが崩れてしまっているというのだ。

「太陽が昇ると目覚め、沈むと眠る。人間の身体には元来そうした太古からのリズムがあるんです。人間の生命のリズムですね。それが完全に崩れてしまっています」

夜の9時、10時に子どもたちが塾から帰ってくる。それは自分たちの将来をよりよいものにするためなのだが、果たして大人たちは彼らが希望を持つような健康で充実した姿を見せているだろうか。大人は元気なのか？　子どもになにを夢見せようとしているのか？


人間の生命リズムを取り戻す方法がひとつだけある。自然に触れることだ。尚さんはそう教えてくれた。

「自然はこの地球が生み出した最もやさしく高い波動なんです。一方、電磁波は人工のエネルギーです」

母なる地球のリズムが私たちの狂った時計を正してくれるのである。

そういえば北海道・浦河の丘の上で過ごす夏はいつも健康的だった。早くに目が覚め、空腹を覚えるのも排せつの時間も驚くほど正確なのだった。

東京で弱っていた母は徐々に元気を取り戻して散歩をしたり体操をしたりした。体重は減った。食べ物がやたらとおいしく感じられた。ただそこで生活しているだけなのに。

私は浦河の浜辺で石を拾って歩いた。打ち寄せる波こそ地球のリズムだ。ひざを抱えてぼんやりと水平線を眺めていると、大きなゆりかごの中でユラユラしているような気分になってくる。

あれが地球の波動に違いない。

よく行く山奥の神社の参道もそうだ。木漏れ日にハチの羽音、春がすみの空にぼんやり連なる山並み……。そこにいつも神を感じるのだった。

巨木に囲まれた参道はかすかに湿気を含んで清涼だ。空気を吸い込むと肺の中いっぱいに神気が満ちた気がした。吐き出せば身体の汚れが出ていくような気がした。自分がちっぽけに思え、心の中にくすぶっていた雑念はもっとちっぽけに、どうでもよく思えてきた。

これが高い波動に触れるということだと思う。

太陽を味方につけて、身体と気持ちをリセット

古神道研究家の相曽誠治さんが提唱していらした「日拝鎮魂法《にっぱいちんこんほう》（略して日拝）」も同じと思う。

朝の空気がまだ清浄な時間（日の出から午前8時くらいまで）に太陽を見上げ、

「アー・マー・テー・ラー・スー・オー・ホー・ミー・カー・ミー」

と唱えるのだ。

すると口から入ってきた太陽神の分魂《わけみたま》が身体を浄化してくださる、相曽さんはそうおっしゃった。天照大神《あまてらすおおみかみ》様のお力で魂をリセットするのである。

毎日続けると実に穏やかな境地に至るという。それは高い波動で魂を引き上げるということだ。

詳しい方法を記しておこう。

両手の親指、人差し指、中指を合わせ、軽く合掌するような形をとる。人差し指と親指の間にひし形のすき間ができるので、その中に太陽が収まるようにして拝む

(「そうするとまぶしくないはずです」と相曽さんはおっしゃったそうだが、正直言って私は結構まぶしい)。

そうしてゆっくり「アーマーテーラースーオーホーミーカーミー」と唱える。「オオミカミ」ではなく「オホミカミ」なのは、言霊の響きが重要な意味を持つからだ。相曽さんは祝詞もすべて旧仮名で唱えていらした。だから「はらいたまえ」は「はらひたまへ」になり、「さきわえたまえ」は「さきはへたまへ」になるのだった。

実際に口にしてみるとわかるが、ゆっくり唱えなければ正しく発音できない。相曽さんは祝詞の中でも「大祓の祝詞」こそ重要であると説いていらしたが、その一音一音に言霊が宿っているという意味に違いない。正しく、丁寧に発音することではじめて言霊は宿るのだ。

平安時代の人たちはみんな今よりずっとゆっくりとしゃべっていたと言われている。それが長い年月を経てすっかり早口になってしまった。

言葉はしゃべりやすい形に変えられ、手っ取り早く相手に伝わればいいという、ただのコミュニケーションツールとなった。言葉から言霊が抜け出たのはその時かもしれない。最近はいよいよ早口になった。テレビ世代の私でさえそう思う。スピードが増して、時間が短縮されて、その空いたすき間に現代人はなにを詰めようとしているのだろう。

さて、「日拝」において最も大事なのは、「アマテラス」の「ス」だ。「ス」の時だけ息を吐き出さず、口をすぼめて「スーーー」と吸い込むのである。太陽を両手でいただき、口をすぼめ、まさに太陽神のお力を身体に取り入れ、行き渡らせるのである。


太陽は命を育み、身体を活性化させる。

体内時計を司り、心の中まで元気づけてくれる。これこそ神の力だ。

私たちが作る過去はどんなものになるだろう。集合住宅の侍たちのように幻の時間を永遠に繰り返し続けるのか、それともH公園や靖国の霊たちのように晴れぬ思いを抱いたまま過去を引きずるのか。

いずれにしろ、いつの日か私たちは無力な幽霊となり、次世代が私たちの作った道を進んでいく。きっと平坦な道ではないだろう。けれどどんなに険しくとも道には陽の光は降り注いでいるのだ。神聖な力を与えてくれる太陽と、正常なリズムに導いてくれる地球への感謝だけは忘れないで進んで行ってほしい。

第三章　神々の黄昏

龍神さんの〝パシリ〟を仰せつかる

浦河の別荘から国道に下りて15分ほど歩くと、龍神様を祀るお堂がある。そこの龍神様とわが家とはどういうわけか縁が深い。というか、龍神様はわが家を龍神堂の世話係に任命した感がある。

きっかけ（と言っていいのかどうかはわからないが）は、別荘を建てて10周年のお祝いパーティーであった。庭にジンギスカンの支度をして町の人を招待したのだが、その時にカラオケセットと一緒に和太鼓が用意された。誰が持ってきたのかはわからない。気がついたらベランダの軒下に太鼓台に乗った太鼓が置いてあった。

食事が終わり、余興が始まると太鼓の名人とうたわれたチンドンのトクさんが、カラオケに合わせてトンカラトンカラたたいた。第一章で登場した「キツネ落とし」の坊さんも、坊主頭に日よけのハンケチを乗せて、トクさんがたたく太鼓を合いの手にド演歌を披露した。お開きは総勢30人による盆踊りだったが、その時もいよいよ本領発揮とばかりに太鼓は力強く打ち鳴らされた。

ところがその晩のことだ。寝ようと部屋の電気を消して横になると、天井裏でズルズル音がするのだ。大きなものを引きずりながらゆっくり蛇行していくような音だ。

——蛇だ！

反射的に思った。しかも信じられないくらい巨大な。

音からイメージしたのは胴回りが3メートル超えの大蛇だった。よくCMなんかでコーヒー農園の人が肩に担いでいる、豆の詰まった麻袋くらいの太さだ。あの袋を2階の住人がゆっくりとジグザグに引きずっている、そんな想像をした。

その年は2階に知人が逗留《とうりゅう》していた。もしかしたら彼が荷物の詰まった旅行カバンを引っ張り出しているのかもしれない。夜の11時にそんなことをするだろうか？　といぶかりながらも、

「すみません。まだ起きてますか？」

と階段を上がった。しかし彼は静かに本を読んでいるところだった。

「天井裏に蛇がいるみたいなんです」

「そんなバカな」

彼は失笑した。

「蛇なんかどこから入るんです？」

確かに「いるわけがない」と思いながらも部屋をチェックせずにいられない。ベッドの下をのぞき込み、部屋の隅を懐中電灯で照らす……と、その時気がついた。私の部屋は、２階の知人の滞在する部屋の真下ではなかったのである。２階でなにをしようと聞こえるはずのない位置に私の部屋はあったのだ。

考え考え部屋に戻り、明かりを消して布団に入った。するとほどなく始まった。ズルズルッ、ズルズルッと蛇行していく。と、バリバリバリッと力任せに板を引きはがす音が起こった。

私は跳ね起きて、天井の一角をにらんだまま立ち尽くした。

「それ」は明らかに怒っていた。身の毛がよだつ、というより、命の危険を感じた。これはアピールではなく威嚇だ。私は部屋を出て（その瞬間、私は明らかに部屋の中と外では空気の質が違うことを感じた。部屋の空気がじっとりと重く、濃密だったのに対して、外はふわりと軽かったのである）、玄関のサンダルをひっかけ表に飛び出した。屋根の上を確かめようと思ったのだ。屋根の上と天井裏ではだいぶ違うが、ほかに怪しい場所は思いつかなかった。群青色の夜空を背に切妻屋根の斜面はがらんとしていた。家にとって返し、仕方なくもう一度だけ2階を調べさせてもらうかと階段を上っている途中でふっとひらめいた。

――太鼓だ。

あの太鼓は龍神さんのお堂のものに違いない。

この時の感覚は独特だ。「思いついた」というよりは「思い出した」というほうが近い。誰かが私の脳にせん光を放った感覚だった。

太鼓はリビングのじゅうたんの上に無造作に転がっていた。カラオケセットだけ持ち帰って、太鼓は放って行ったらしい。案の定、胴の部分に「龍神」と書いてある。私は慌ててソファーの上に置き、その前にひざまずいて手を合わせた。

――大変失礼なことをして本当にすみませんでした。今夜はもう遅いので明日必ず返しに伺います。どうかお許しください。

部屋に戻ると濃密な空気はカラッと乾いて軽くなっていた。それきりズルズルもやんだ。

翌日、母に報告すると、

「誰だ！　持ってきた奴は！」

ということになった。

「勝手に持ち出してほったらかしていくとはけしからん！」

私たちは怒りながら太鼓をお堂に戻し、手を合わせて謝った。

それ以降か、龍神様はわが家を〝パシリ〟として扱うことに決めたようなのだ。

いやいや、思い出した。

考えてみればパシリになる以前から龍神様はアピールしていた。

家を建てたばかりの頃、年がら年中、断水していたのである。洗い物をしていると蛇口がバフッバフッとせき込んだようになってけいれんする。水が止まり、止まったかと思えばむせ返るようにほとばしり、やがては「カーッカッカッ」と老人の空せきを思わせる音を立てて停止するのだ。母が大工さんに電話する。大工さんがやって来て坂道の途中にある3か所のモーターを見て回る。直る時もある、直るが大工さんが帰るなりすぐまた断水することもある。大工さんは首をひねる。故障の理由は最後までわからないのだった。

「それは龍神さんね」

ある時、美輪明宏さんは霊視してくださった。集落の外れにある龍神さんがなにを訴えたくて水を止めるのかわからない。いずれにせよ、「カーーッカッカッ」が始まると私は、「龍神さんが怒っているのだ」と解釈して蛇口に向かってお願いした。

「すみません。お怒りはわかりますが、この皿を洗い終わるまで待っていただけませんでしょうか」

聞き入れるわけがない。この時、龍神様はいろいろなことが絡み合って怒り心頭だったのだ。

「おいっ！」

「まだ、わからんかっ！」

龍神様は、皿を洗うたび、風呂にお湯を張るたびに「カーーッカッカッ」と訴え続けた。時にはトイレの手洗い場のパイプを外すという大技にも出た。

それが次第に間遠になっていったのは、私たちがお堂を参拝するようになってからだ。私と母は太鼓の一件以来、龍神様をお参りする習慣が身についたのである。断水が起こらなくなったのはその頃からだ。もっとも水がスムーズに出るからといって龍神様が怒りを鎮めて安らかな境地に入られたわけではない。ただ次章に入っただけである。

大きな龍神さんの力に見合う信仰心とは

私と母はお堂に通ううち、地元の人の龍神様の扱いがいかにぞんざいであるかを知った。まるっきり掃除ができていないのだ。掃除どころか数か月前の龍神祭りで集落の人が飲み食いしたであろう、おつゆのカスのこびりついたお椀が重ねたままほったらかしてある。使用ずみの割りばしもそのままだ。

「なんでも置きっぱなしにする！」

「お堂は物置かっ！」

私と母は怒った。

「飲めや歌えのお祭りは人間のためのものであって、本当の〝お祀り〟じゃないのよ。神様に失礼ですよ。バチがあたるのよ！」

「バチ」まで持ち出して母は近所のよろず屋のおじさんに説教する。おじさんは目を伏せたまま「だなー」とか、「まったくだー」と答える。ここはとりあえず「賛同の意」を表明しておいて嵐の過ぎ去るのを待とうという心づもりなのが透けて見える。だからおじさんは掃除はしない。おじさんだけでない。集落の誰もがしない。

いつからか神様は「お祭りする」（この場合決して〝お祀り〟ではない）対象であって、畏怖し感謝する対象ではなくなってしまったのである。信仰心は置いておいてお祭りは楽しむ。それが普通になっていたのだ。

母は龍神堂を少しでも気持ちのいいところにしようと、さまざまな寄付をした。座布団の綿のはみ出ているのを見れば代わりを用意するし、八大龍王神ののぼりが虫食いだらけなら新しいのぼりを作った。私も微力ながら、そこかしこに放り出されたままの日用品を納める物置を取り寄せた。龍神様に喜んでいただきたかったし、なにより集落の人にお参りに訪れてほしかった。

と、ほどなくお堂の壁に「佐藤愛子」の名前で奉納の短冊が張りだされた。

短冊はいいから掃除を頼む、お参りをしてくれ、と思う。けれど、手伝ってくれる人は現れず、相変わらずお堂の中は虫の死骸だらけ、飲みさしの一升瓶やら、たばこの吸い殻が山となった灰皿などがほったらかしてあるのだった。

夏の間、掃除は私と母の役目になった。私たちは1日と15日にはお神酒《みき》とさかき、塩、米をお供えして祝詞を上げた。祝詞の後、母はいつも小さく「どうかこの集落をお守りくださいますよう」とつけ加えた。私はそのつぶやきを耳にするたび、「それはヨソ者が頼んでもダメなんじゃないか」とあきらめの気持ちがよぎるのだった。

ところが助っ人が現れたのである。母の孤軍奮闘を知った地元の知人が掃除してくれるようになったのだ。その人は他の集落の住人であるが、見るに見かねたのか、信仰心を揺さぶられたのか、私たちがいない季節もせっせと車を走らせてお堂に来てくれた。娘さんと一緒に床を拭き、クモの巣を払い、窓ガラスまでピカピカに磨いてくれた。

ある夏、お堂に入って行った途端、目に飛び込んできた窓外の海の青には胸が熱くなった。曇りガラスの向こうの景色など一度も見たことがなかったのである。さかきがカラカラに干からびることはもうなかった。お供えのお米も黄色から純白へと変わった。

すると集落のIさんが動いた。Iさんは地元の漁師さんだ。Iさんはお堂の修復作業にとりかかってくれた。潮風にさびついた鳥居は塗り替えられ、ボロボロにはげた床板は新しく張り替えられた。

今は神前に卵やのしの巻かれた一升瓶が並ぶ。ビール1ダースは隣町の漁業組合からだ。龍神さんの危機を知った町の人が親類縁者に声をかけてくれたおかげである。

「あとは地元の集落の人たちがもっと手を合わせてくれるといいんですけどねぇ」

そう尚さんは言う。

かつてはその一帯を治めていた大きな龍神さんは、その力に見合うだけの信仰心でお支えしなければならない。それには集落の人たち全員の思いが必要なのだ。

断水が起きることは二度とないだろう。けれど先はまだまだ長い。

「どれだけ言っても集落の人は龍神さんに無関心なんだ」

Iさんは嘆く。私はその言葉を聞きながら、ようやく共に嘆いてくれる同志が現れたことに心底安堵したのだった。

「近い」から行くのではなく、「気持ちがある」から行く

ここで再び「あの世のお話会」の「パワースポット巡り」について書こう。この企画が俗にいうところの「パワー」とはどういうものかレポートしようという試みで

あったことは前にも書いた。そうして行ってみてわかったのは、そのパワーがホンモノであればあるほど厳しいということだ。来る者を癒やし、しかし同時に諭す。それは子を思う親にも似た波動だ。

パワースポットは私たちに多くの課題を突きつけてきた。だから、帰路はたいてい暗たんとしていた。気軽に遊びに行ったらお説教された上に宿題を出された子どもの気分だった。

そのひとつが明治神宮である。私は明治神宮に行くと決まった時、尚さんを通して神様にお尋ねしたいことがあった。明治神宮のご祭神は明治天皇である。戦禍をくぐり抜け、近代日本の礎を築いた方だ。だからこその質問があったのだ。

その前年、2012年は政治的に不穏な年だった。

日本政府が尖閣諸島を国有化したことにより日本と中国の関係は一気に悪化、中国で起きた反日デモは暴徒と化した。彼らは日本企業の工場や社屋に押し入って屋内を破壊し、火を放った。「日本人を皆殺しにしろ」と書かれたプラカードを掲げ、日の丸を燃やした。日本車を見れば人が乗っていようがひっくり返し、日本人経営の商店になだれ込んで棚の商品をことごとく強奪した。デモに随行する警察官はそんな様子を止めもせずただ眺めるだけだったので、中国在住の日本人は外出禁止を余儀なくされたという。このままヒートアップしていけば戦争を仕掛けてくるかもしれない、そんな不安を覚えたのは私だけではないはずだ。

私はこうお聞きしたかったのである。

――日本はどうなりますか？　戦争に巻き込まれないようにするにはどうしたらいいでしょうか？

けれど質問に対する神様の答えに入る前に、その夏北海道で起きたことを書いておかなくてはならない。

スピリチュアルなメッセージは、しばしば二重三重に送られてくる。その時は気がつかないが、後から「ああ、そういえば」と思い当たる。それは誰かのなにげないひと言だったり、遠い昔の忘れていたような出来事だったりいろいろだ。いずれにしろそれぞれ異なるピースがつながって1枚の「メッセージ」という絵が完成した時は圧倒される。メッセージを送ってくる背後の存在の周到さ、計画の緻密さ、時に気の長さに、そうしてなによりもずっとこちらを見てくれていたのだという事実に感極まる。

この時もメッセージはすでに1か月前、北海道にいる時から届いていたのだった。

ただ、ピースがつながった時、現れたメッセージは今までにないほど深刻な内容であった。

車で北海道を走っているとよく小祠《しょうし》を見かける。牧草地の中にポッンと赤い鳥居が現れて、その奥にかわいらしい社が鎮座しているのだ。当然、神職などいない。お祀りしているのはその周辺の住人たちだ。いつともわからぬ昔から地域の人たちは手を合わせ、野辺の小さな神様はそんな彼らにずっと寄り添ってきた——そんなのどかなたたずまいの神社である。

その神社を取り壊すという。その年の夏の終わり、浦河町の外れに住む人がやって来てそう言ったのだ。

「もう地域の住人もみんな年とって神社の面倒まで見ていられないからね。取り壊そうってことになった」

地方の小さな町の、さらに外れにある集落だ。過疎化も進んで老人ばかりになってしまった。だから神社をお祀りするのも掃除するのも難儀なのは理解できる。しかしだからといって人間都合で勝手に取り壊していいものなのだろうか。私は心配になった。

「心配したって拝む人はいないからね。いないのに神社を置いとくほうが問題でないかい？」

そう聞かれると私もわからなくなる。

また、こんな話も聞いた。ある人が裏山に鎮座していたお地蔵様を勝手に国道沿いに移動させたのだ。

「裏山だったら人目につかないけれど、国道沿いなら人通りもあるからみんな拝むし、お布施のアガリもいいだろう」

動かした人はそう説明した。「近場にある」から拝むのではなく、「信仰心がある」から手を合わせるのではないか？　と私は言いたくなる。

以前、新勝寺でいただいたお説法を思い出す。

「どうして神社仏閣は高いところにあるんだろう、と思いませんか？　手すりにつかまりながら1段1段上がって行くのはしんどいですよね。けれど、その思いこそ信仰なんです。お不動様に手を合わせたいと思う気持ちがあるからしんどい思いをして登って行く。その思いこそ尊いものなんです」

「お布施のアガリ」を気にするのはお地蔵さんでなく、しゃばで生きている人間のほうなのだ。

祠でも地蔵でも由縁があってそこにある。その地にははるか昔から「治めてきたこと」があるはずなのだ。それでもどうしても取り壊すというなら、筋を通して神仏に納得していただくしかない。それを無視して取り壊せばご神体だけそこに残る。家主を残したまま家を壊してしまうのと同じだ。拝まれなくなった神は当然怒り狂う。災いをなす。つき従っていた眷属《けんぞく》は妖魔と化して人に取り憑く。そうした神を神道では「禍津《まがつ》」、仏教では「魔神《まがみ》」と呼ぶ。妖怪の世界では「オトロシ」だ。「オトロシ」は忘れられた神で、朽ち果てた社に住み、自分の領域に踏み込んだ者の上にドシンと落ちてくる。第一章で書いた自称〝神〟の憑依霊とよく似ている。

「でもねぇ」

と母は地蔵を動かした人に少しだけ理解を示す。

「地震のたびにお地蔵さんがひっくり返るんだよ。そのたびに年寄りがそれを直すのはしんどいよ」

そう言われると返す言葉が見つからない。

明治神宮のご神木の嘆き

さて、私は北海道でそんな話を聞いて東京へ戻り、尚さん、夫と明治神宮に向かったのだった。

原宿に近い明治神宮には多くの観光客が訪れる。参拝客のほとんどが外国人だったように記憶している。それでも境内は掃き清められ、都会のど真ん中とは思えないほど自然と調和して鎮まっていた。

拝殿に赴くと最初に目についたのは一対のご神木であった。

すかさず尚さんが言った。

「あ、ご神木がすごく心配していらっしゃる」

「なにを？」

戦争か？　やっぱり戦争になるのか？　と聞きたいのをぐっと抑えてまずはお参りをすませた。

「なにを心配してらっしゃるって？」

「今を生きている人たちを、です」

尚さんは答えた。漠然とした答えだ。

「なにを？　やっぱり戦争になるの？　私はそれが一番心配だよ」

すると尚さんは目をつぶってじっとなにかに耳を傾けた。

「『戦争になる、ならないを決めるのは神ではない。人間だ。人間が未来を作り、神はそれがどのようなものであってもその未来の中で人々に寄り添っていく』とおっしゃっています。『〝破壊〟を恐れるとするなら、まずなにを〝破壊〟と呼ぶのか？社殿が破壊されるということか？　それは真の破壊ではない』」

尚さんは通訳のようによどみなく続けた。

「真の破壊とは、人々の心から信仰が消え去る時だ。信仰が失われれば、どんな立派な社殿があろうともそこに神はいない」

尚さんはいつになくこわばった顔で、

「今を生きている私たちの波動をとても心配していらっしゃるんです」

とつけ加えた。

私は恥じた。よその国が攻めてきて日本人の心のよりどころをことごとく破壊したらどうしよう、などと心配していた。それどころではない。それ以前にいまや氏子である日本人の意識によって神々が追われようとしているのだ。

私たちは境内の一角に腰を下ろし、暗たんとしながら手入れの行き渡った境内を眺めた。

「もし中国が日本に介入して来たらどうなるでしょうね。彼らは社殿は破壊しないと思います。でもこの清涼な空気は奪われるかもしれません。彼らは神社の持つ意味を知りませんから、ただ多くの人が訪れる場所という認識でとらえるんじゃないでしょうか」

「多くの人が集まる場所、それはつまりお金を落とす場所ってことだ。神社は金になる場所、と考えるんだね」

夫の言葉に尚さんはうなずいた。

「境内のあちこちに屋台が出るかもしれません。参拝客が飲み食いして、ゴミ箱が発泡スチロールのお皿や割りばしであふれるかもしれません。そうなったらもうそこは神様がおわす場所ではないですよね」

「もしそうなったとしても、多くの日本人はそれを『真の破壊』とは思わないでしょうね」

「そうです。社という形さえあればそこに神様がいらっしゃると思い込んでいますからね。けれど形だけあっても、中は空洞。今やそうなってもおかしくないような状況なんです。ご神木はそれを一番に心配していらっしゃいます」

パワースポット巡りのはずが、私たちはすっかりパワーをもぎ取られてしまった。しかし、神様からの警告はそれで終わったわけではなかったのである。

「パワースポット」で突きつけられた神の怒り

数日後、私たちは東京近郊の山のふもとで落ち合った。その山には尚さんとご縁のある寺社があり、珍しく彼女のほうから行きたがった。そこもまた近年、パワースポットとして脚光を浴びている。

私、尚さん、夫に、今度も足を買って出てくれたS君が加わって出発だ。

観光客が多い。やはり明治神宮同様、日本人よりもよその国の人でごった返している。ちょうずを使い、参拝をすませて境内を見て回っていると、かわいらしい声が遠くから近づいて来た。幼稚園の遠足だ。

「みんなー、神様の前なので静かにねー」

引率の先生は言いながら本殿の前に子どもたちを並ばせた。ガヤガヤと小さな3列縦隊が作られていく。別の先生は子どもたちを正面からとらえられるよう、さい銭箱の裏に回ってカメラを構えた。先生は声を張り上げた。

「はい！　じゃあねぇ、こうしてひもをシャンシャンと振って、お手てをパンパンしまーす」

と、お手本にお手綱の五色のひもを振り、パンパンと柏手を打った。

「お手綱を神社の本坪鈴《ほんつぼすず》と間違えてるんだ」

夫があきれて言った。

「先生たちがそもそも神社とお寺の区別がついていないんですね」

尚さんも力が抜けた声を出した。

お手綱とはご本尊の手から伸びている綱のことだ。その綱に触れながらご真言を唱えると、ご本尊とのご縁が深まるという由縁のものだ。だから先生は「シャンシャンと振って」と言ったが、シャンシャン鳴るわけがない。鳴るはずの鈴がついてないのだ。けれど子どもたちは言われた通りにひもを振り、柏手を打ってお祈りしている。

「はーい。シャンシャンと振ってねー。お手てパンパンだよー」

3列縦隊の先頭が入れ代わるたびに先生は繰り返した。

「どうする？　注意する？」

「どうしよう……」

先生はイベントをこなすことに精一杯でバタバタ走り回っている。そんな彼女たちに忠告するのは気が引けた。考えあぐねるうちに子どもたちの参拝が終わった。先生の号令で回れ右をして境内を出ていこうとしている。このまま彼らは誤った知識を持って大きくなっていくのだろうか。

私たちは山門をくぐる小さな後ろ姿をモヤモヤしながら見送った。

「よく、心があればいいって言うじゃないですか。でもちゃんと礼儀を尽くした上で心がなければ意味がないんですよ。神様の作法には一つひとつに重要な意味があるんです。いい加減な扱いをしながら、『心があればいい』と言い訳するのはただのナマケモノ。不敬にあたるんです」

尚さんが残念そうに言った。

と、そこにお寺の鐘が響いてきた。間近でお寺の鐘の音を聴くのははじめてだ。私とS君は気を取り直し、いそいそ鐘楼堂に向かった。しかし一足先についたS君の顔にみるみる失望の色が浮かんだ。

「機械仕掛けだ……」

梵鐘《ぼんしょう》を見上げると、鐘突きの撞木《しゅもく》がまるでポルターガイスト現象のようにひとりでにフワリと浮かんだところだった。撞木は勢いよく宙を走り、鐘を突いた。あたりに趣きのある音が響いた。私とS君は無言で顔を見合わせた。

本堂は自由に拝観してよいというので、私たちは靴を脱いで上がることにした。ご本尊様に手を合わせ、さて、脇に並ぶ仏様にもごあいさつしようと立ち上がったところ、先に次の間に行っていた尚さんがひきつった表情で戻ってきた。

「ダメだ。私、ここダメです！」

と首を振る。

「ごあいさつはすませたんだし、出たほうがいいと思う。オレもここは怖い」

夫も言った。

我々は逃げるように本堂を出た。

「ものすごく怒ってる」

靴を履きながら尚さんは早口で言った。

「誰に？　まさかあの幼稚園児？」

尚さんは首を振った。

「ここの人たちにです。具体的に誰とはわかりません。僧侶ではなく事務方かもしれない。とにかく『掃除をするのだってなんだって金のためじゃないか』という怒りの気が流れ込んできたんです。『観光客を呼ぶために掃除をしているんであって、信仰心などみじんもない』そう脇の仏様が怒ってらして、ご本尊様がなだめていらっしゃる感じです。お作法を知らない子どもたちが来たことも、機械仕掛けの梵鐘が鳴ったことも全部私たちに見せるためです。警鐘を鳴らしていらっしゃるんです」

いろいろな想念が尚さんの中に注ぎ込まれているようだった。彼女はよくしゃべった。

「昔は信仰厚い人たちは木々を奉納していたそうです。苗木を植えて、その苗木が育っていく様をお参りに来るたびに愛でていた。けれど今は違う。奉納することそのものに意味を見いだして、木を植えたら終わりと考えている人がほとんどだとおっしゃっています。これじゃあお中元やお歳暮と同じですよね。奉納することに意味があるのではなく、それを縁に信仰を深くしていくことこそ大事なのに、それを誰も理解していない」

奉納された木々の嘆きが聞こえるという。もはやその土地全体が憂いているようだった。

私たちは寺を後にすると、近くの渓流沿いを歩きながら今回神仏から突きつけられたことについて話し合った。皆、意気消沈していた。パワースポット巡りでいいパワーをいただくつもりがお説教ばかりになってしまった。

「お話会にいらっしゃる方はみんな『いい話』を楽しみにしてるでしょうねぇ。がっかりさせてしまうかなぁ」

「でも真のパワースポットだからこそ、これだけの深いメッセージが届けられたんじゃない？　パワースポットが人間にとって心地いいところだという思い込みこそ、人間の思い上がりかもしれないよ」

「向こう様にしてみれば『なにがパワースポットだ』って感じかもしれない」

「そういえば」と私は思い出した。

「以前、尚さんと一緒にパワーがあるってうわさのお地蔵さんを見に行ったことがあるんだけど、その時のお地蔵さんの波動も厳しいものだったよ。『おまえは興味本位で来たのか？　面白半分で来たのか？』って難詰するふうだったって」

「そんなことありましたね。かなりムッとしていらっしゃいましたね」

「もう天界は見るに見かねているんだね。世の中の波動がそれほどまでに落ちているってことだ」

空は今にも降りだしそうに雲が低く垂れ込めていた。渓流沿いの道は山の谷あいにあり、うっそうと茂った樹木が道を暗くして、まるで海の底を歩いているようだった。

と、道沿いの山の斜面に小さな登りの石段を見つけた。目でたどると繁茂する枝の向こうに、朽ちて黒くなったお社が見えた。S君が軽く手を合わせてあいさつしようとした途端、尚さんが制した。

「やめたほうがいいです！　ダメ！　ダメ！」

「どうしたの？」

聞いても彼女は答えない。

「なにかいたの？」

好奇心が頭をもたげる。けれど彼女は厳しい表情をしたまま口を開かなかった。

「絶対にしゃべらないぞ」という決意を感じさせる顔つきだ。

いよいよ雨がぽつりぽつりと降り出した。

「戻りましょう」

尚さんが言った。

「遠回りになるけれど人が大勢いるところのほうがいいです」

「そうだね。ここはよくない。空気がよどんでいる」

夫も言った。

「そういえばこの辺に心霊スポットがあるって聞いたなぁ。どんな鈍感な人でも幽霊を見ることができるって」

私の言葉に尚さんはあっさりと、

「そうですね。あそこにもいます」

一点を見つめて言った。街灯の下、自動販売機が1台ポツンとあるあたりだった。

「どんな人？」

「女の人。古い時代の。着物を着ています。あ、こっちに気がついた。戻りましょう」

「戻る前にちょっくらあの自販機でジュースでも買ってこようかな」

「響子さんっ！」

尚さんに叱られた。好奇心の強い私はしばしば尚さんに叱られる。けれど彼女は女の幽霊については教えてくれても、木立の中の黒いお社で見たものについては語ろうとしなかった。来た道を戻る時、くだんの社に伸びる石段のあたりで、

「端っこのほうを歩いてください」

と言っただけだった。

「下りてきてる……」

とつぶやいたので、

「なにが？」

と尋ねたけれど、やはり口を真一文字に閉じたまま厳しい顔をしているだけだった。

後に教えてくれたところによると、かつて拝まれていた神が人々に見捨てられて去り、残った眷属がさまざまな動物霊と合体して妖魔と化して住みついているとのこと

だった。先に書いた「妖怪オトロシ」だ。神道でいうところの「禍津」、仏教の「魔神」である。2本足で人のように立ってはいるものの、形相はいろいろなものがたかって混ざり合い、道化のタヌキのようにゆがんでいたそうだ。異形の者は一瞬のS君の行動を察知して、後を追って社からはい出てきたのだった。利用できる者がいると知って帰りを待ち伏せしていたのである。こちらが少しでも関心を示すと、そのすきにつけ込んでくるので、無関心を通したほうがいいと尚さんは判断した。それで口をつぐんでいたのだった。

駐車場に出るとS君は背中を払ってもらった。危ないところだったらしい。決して関わってはいけない存在だが、そんな存在を作りだしたのは人だ。

「全部、神様が見せていらっしゃるんです」

尚さんは言った。私は北海道の「お社取り壊し」の件を思い出し、取材の最後にこの「妖怪オトロシ」に出会うことも含めてすべてが神の計らいであるように感じた。

「急ぎ、伝えたいことがある」

神にそう言われている気がした。

新時代の神――「なんちゃって神」――の出現

どうも人の神様との関わり方がおかしくなってきている。

昨日はテレビで、神社の「茅の輪《ちわ》」のわらを勝手に抜いて帰ってしまう人が後を絶たないと報道していた。抜いたわらで自分だけの「ミニ茅の輪」を作るのだそうだ。

また、御朱印ブームの中にあって御朱印を転売する者が現れた。スタンプラリー感覚で、「さっさと書け」「いつまでも待たせるな」と巫女《みこ》さんに暴言を吐く人もいるという。

埼玉県秩父市の三峯神社は、月に1回だけ頒布していた白いお守りの販売をとり止めた。人が殺到し、道路が渋滞して近隣住民に迷惑をかけたからだ。

私はこの神社が好きで年1回必ず行くが、混雑しているのを見たことがない。駐車場はガラガラ、参道はたまに行き交う人がいるくらいだ。だから拝殿で祝詞を上げる時も後ろに並ぶ人に気遣うことなくノビノビ上げられるのである。ところが白いお守りの頒布日ばかりは様相が違うと聞いた。参道は人が隊列を組んでひしめき合い、

300台入る駐車場は満杯、あぶれた車はヘアピンカーブが連続する山道に連なるそうだ。

　白いお守りが有名になったのは、フィギュアスケートの浅田真央さんがオリンピックに持って行ってからだ。お姉さんの浅田舞さんが妹を思って用意したのである。浅田真央さんはオリンピックで見る者を圧倒するすばらしい演技をした。その演技に感動した人たちはこんなふうに受け取ったのかもしれない。

「私にも白いお守りがあったら！」

けれど真央さんに力を与えたのは白いお守りだろうか。それよりも、もっと強いパワー、あえて言うなら、白いお守りで妹を励まそうとしたお姉さんの思いがお守りを通して妹へと伝わったとは考えられないだろうか。

　新勝寺の住職の教えの通りだ。

「しんどい思いをして登って行く。その思いこそ尊いものなんです」

妹のために秩父の山奥までお守りをいただきに行く、その姉妹愛こそ尊いのである。三峯神社で白いお守りが頒布されることはなくなった。けれど欲しければネットでいくらでも手に入るようだ。ヤフーオークションやメルカリで時に数万円の値がついて売りに出され、あっという間にソルドアウトになっているのを見ることができる。果たしてそのようにして手に入れたお守りにはどのような力が宿っているのだろうか。

茅の輪が欲しい、珍しい御朱印が欲しい、レアなお守りが欲しい……。いまや神域が「欲しい」「欲しい」意識の吹きだまりになろうとしている。

しかし私は思う。「〝欲しい〟が満たされる」は「幸福」とは違う。幸せとはおそらく、行きたいところに行ける健康な身体があることであり、お守りを買うお金があることであり、励ましたい仲間や、喜ぶ顔が見たいと思う家族がそばにいてくれることだ。

それを知っている人はピンクや青のお守りで十分幸せになれる。いや、お守りなしでも十分に幸せなはずだ。

尚さんは時々、「なんちゃって神様」の話をする。「なんちゃって神様」とはどういう存在かというと、人間都合で作られた「自称〝神様〟」だという。

まあ、インチキなんだからさしたる影響力もないのだろう、とタカをくくっていたら、

「いや、これが案外信じている人が多いんです」

と尚さんは言った。

「それに詐欺というわけでもないんです。自分の能力に自信があって、善意で導いているつもりなんです。人をだます気は毛頭ないんです」

「お金はとるの？」

「普通の宗教団体程度には。ある意味よけい厄介ですよね」

「いっそ高額なツボや印鑑売りつければわかりやすいのに」

「そうなんですよ！」

「なんちゃって神様」がどのような教えかといえば、たとえばこんな調子である。

「自分の魂が望むのであれば自殺をしてもかまわない」

「子どもを捨ててもかまわない」

「楽しいことを追求することが大事」

「自分の魂の声に耳を傾けて、その望みをかなえてあげなさい」

という趣旨の教義だが、目先の欲望と魂の成長を一緒くたにしてごまかしているとしか思えない。

一度、尚さんは興味本位でそうした集まりをのぞいたことがあるそうだ。その主宰者は「宇宙にある愛に満ちた高次元の星からやって来る天使の意識とチャネリングできる」という触れ込みだった。

そのチャネラーは聴衆の前で手を合わせて瞑目《めいもく》し、しばらく精神統一していたが、やおらすっとんきょうな声をあげた。

アニメに出てくる少女そっくりのハイトーンで天使は語った。

「皆さんは愛に満たされた生活をしていますか？　振り返ってごらんなさい。一つひとつ思い出してごらんなさい。つらいこともあったでしょ？　苦しいこともあったでしょ？　でも、今こうしてここに来ている。ボクはずっと見てました。あなたのがんばりを、あなたの悔しさを。でも思い出して。あなたたちはいつだって愛に包まれているんです。必ずミラクルは起こります。ボクがずっとそばにいるんだもの」

聞いているほうが照れてしまうような「愛」の説法だった。けれど尚さんはあたりを見回してあっけにとられた。聴衆は涙を流していたのである。

「愛」とは便利な言葉だ。絶対的に正しく無敵である。その言葉を真っ向から否定する者は少ない。しかし同時に「愛」という言葉は、漠然としすぎているのだ。どんな現象も「愛」に放り込めば収まりがつく。身勝手もまかり通る。

「あなたを愛しているから言うのよ」

「たとえそばにいなくても愛はあるのよ」

「愛」は美しく神聖なブラックボックスとしてなんでも放り込んでしまえるのだ。実態があいまいな「愛」は、実は扱いがむずかしいのである。

そうして感覚的に生きている人たちは、「愛」という真綿のようなフワフワな言葉で十分洗脳されてしまうのだ。

昭和の（自称）神様は「苦しいのは先祖のたたりだから供養が大事。わが神にお布施をすれば先祖を救済できる」と説いた。

新しい時代の（自称）神様は「苦しみから解放されよう」とうたうことが多い。「苦しいのは魂が痛がっているのだから救ってやらなければならない。だから苦しみから逃げましょう」と問題から顔を背けることを勧める。

どちらも魂の成長には言及しない。人は艱難辛苦《かんなんしんく》を通して成長するために生まれてきたのに、その艱難辛苦に寄り添い、それを乗り越える苦労を分かち合おう、苦難の山の頂から昇る朝日を共にことほごうという神様はいない。

尚さんが聴きに行った集まりの主宰者は、その背後に怪しい霊体が見えたという。爬虫《はちゅう》類を思わせる姿でこんな波動を発していたそうだ。

「聴く者の生きる気力を奪い、考えることをやめさせたい。彼らの心を支配したい」

人のマイナスのエネルギーを欲していたのである。

今やそうした新しい（自称）〝神〟が雨後の竹の子のように生まれてきている。こうしている今もどこかで誰かに〝神〟が下りている。「愛」が語られ、オーラの色が鑑定され、金運アップ、恋愛成就のお札が飛ぶように売れていることだろう。

今は感覚の時代なのだ。

バイトテロ、人をおちょくることで笑いを取ろうとする動画、ハロウィーンの集団が起こす破壊行為、成人式での大暴れ……。どれもこれもただのノリだ。そこに深い考えなどみじんもない。しかし、ただのノリも集団化すれば暴徒となってしまうのである。意味をなさないエネルギーの暴走は新しい神が最も好物とするものに違いない。こうした原始的なエネルギーの吹きだまりから新しい神は生まれてこようとしている。「愛」という名の衣をまとい、しかしその教義は空洞だ。

伊勢神宮も明治神宮も参道からまっすぐ延びた先に本殿があるわけではない。何度か角を曲がった先にある。またご神体は拝殿のさらに奥、注連縄《しめなわ》や御幌《みとばり》の向こうだ。

明治神宮を後にする時、夫がこんなことを言った。

「神社がこうした作りなのは、参拝する人の想念から少しでも神様をお守りするためじゃないかって気がしてきた。注連縄は我々人間から神をお守りするための結界だったりしてね」

真の神は誰かに降臨することなく、ただすべてを眺めていらっしゃる。

第四章　私たちは何者なのか

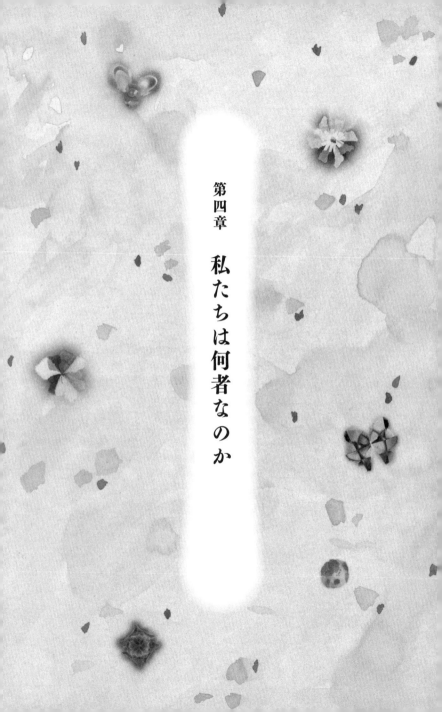

鞍馬山の魔王殿で出会ったホンモノの「天狗」

仲のいい友人夫婦と京都に日帰り旅行に行った。

目当ては鞍馬の魔王殿だ。魔王殿には昔から関心があった。「魔王」という呼称なのに神様として信仰されているのがなんともミステリアスだ。それに調べてみればその魔王は、「650万年前に人類を救済すべく金星から地球に降り立った」そうではないか。スピリチュアルから突然SFのにおいが立ち昇ってくるのだ。しかも救済されるべき人類は650万年前にはまだ猿人である。ようやく2本足で立ち上がったばかりの、「人類」と呼んでいいかどうかも怪しい存在をどう救ったというのだろうか。

魔王殿について考えるといろいろな疑問が噴出してきて私はワクワクするのである。

12月の京都は底冷えすると聞いていたが、私たちが行った日は風のない穏やかな日で、秋の気配を残すあたたかさだった。歩いているとポカポカしてじんわり汗ばむ。魔王殿までは結構な距離があると聞いていたので、私はコートを脱いでトレーナーの上にダウンのベストという軽装で登り始めた。

山門をくぐるとすぐに坂道が始まる。愛山費（鞍馬寺の拝観料）を払うところにつえの用意がしてあったので、一瞬不安が頭をかすめた。私の足腰はもはや電動自転車専用だ。山歩きなんか小学校の遠足以来である。覚悟を決めてつえの束から1本抜き出した。ケーブルカーがあることは後に知ったが、はじめての参拝はやはり自分の足を使って行くべきと思ったのである。

案の定、登りが続く。ご神体が山だから仕方がないのかもしれないが、運動不足の身にはこたえる。「やせるかもしらん、やせるかもしらん」と言い聞かせながら1歩を踏み出していく。

由岐神社に着いた時点でまだ目的地の5分の1ほどだった。そこからさらに九十九《つづら》折《おり》参道を通って行かねばならない。鞍馬寺本殿はうねりながら続く坂の上である。ゆっくりゆっくり九十九折参道を進む。時折、立ち止まって巨木を見上げ、水を飲み、また足を踏み出す。この参道は清少納言が『枕草子』に「近うて遠きもの鞍馬のつづらをりといふ道」と綴ったことで知られる。清少納言も通ったのだろうか？　平安時代のあのナリで？

昔の人はタフだ。彼らは短命だったが力強く生きた。現代人は長生きだがパワーが足りないように思う。昔の人が硬く握ったおむすびだとすれば、我々はつきたてのモチだ。伸びる伸びる。モチはテローンと伸びて切れそうになりながら切れることなくほそーくつながっている。私たち現代人の生体エネルギーはそんなふうに見える。とはいえ、おむすびもモチもカロリーはそれほど変わらないのだ。神様が人間に与えてくださる「生きるエネルギー」は、実は時代を超えてもさほど変わらないのではないか。その人その人に与えられた魂の課題をこなすのに必要な生体エネルギーを与えられているだけで、いくら医学や科学が進歩しようがエネルギー量そのものを変えることはできない。

そういえば整体の先生の治療室にこんな書が飾られていたことを思い出した。

「溌剌《はつらつ》と生くる者にのみ深い眠りがある
生きぎった者にだけ安らかな死がある」

野口整体の野口晴哉先生の文言だ。

生き切らないとスカッと死ねないと耳にしたことがある。私はだらだらと生きるより、スカッと死ぬほうを選びたい。そのためには自分の生体エネルギーを自分の魂の課題に注ぎ込まなければならないのだろう。

そんなことを考えるうち、本堂に着いた。この時点でヘトヘトだ。けれど地図を見れば目的の魔王殿はまだまだ先である。本殿の奥に向かい、丸太の段々が敷かれただけの山の中に入って行かなくてはならない。

夫と友人夫婦は行く気マンマンで、休むことなく雑木林の傾斜面を分け入って行く。私も腹をくくった。ベストを脱ぎ、ペットボトルの水を一口含んで樹木が暗い影を作る山道に歩を進めた。

鞍馬山は天狗伝説で有名だ。なんといっても鞍馬の天狗は日本全国の天狗の総元締めなのである。牛若丸に剣術の稽古もつけている。牛若丸の八艘飛《はっそうと》びは天狗に習ったに違いない。京の五条の橋の上で弁慶を翻弄したツバメのような身のこなしも天狗直伝だろう。師匠が天狗だけあって牛若丸は戦いのさなかやたらと飛んで回る。

その鞍馬山にあるのが鞍馬寺だ。もともとは毘沙門天がご本尊の天台宗のお寺であったが、1949年に独立して鞍馬弘教総本山となった。ご本尊（鞍馬弘教では「ご尊天」という）も毘沙門天に千手観音、護法魔王尊が加わった三身を一体としてお祀りしている。魔王尊像は秘仏だが、納められた厨子の前に「お前立ち」と呼ばれる身代わりの像がある。その像によれば魔王尊は羽根を背負い、立派な長い鼻を持ち、頭に山伏のかぶるずきんを乗せて、やはりどこから見ても「天狗」だ。

調べてみると魔王尊はヒンドゥー教の「サナート・クマラ」から来ているとあった。サナート・クマラは地球の神の命を受けて物質界に下りてきた霊的存在であり、その使命は人類を含めたすべての生命の進化を統括することだという。鞍馬という名称はこの「クマラ」がなまったものそうだ。

ここでふと思い出したことがある。相曽誠治さんの言葉だ。相曽さんは真面目な顔をして時折突拍子もないことをおっしゃった。

「イエスキリストは泣き虫」とか「弘法大師は不良」「UFOは冷え性なので火山の上にいたがる」なんていうのもあった。相曽さんはそうしたことをひょうひょうとおっしゃる方なのである。

正直、口から出まかせにしか聞こえないのだが、ある時私は逗子の海岸でUFOを見かけたことがあり、そのＵＦＯ５基すべてが富士山に飛んで行くのを確認して「やっぱり冷え性なのかもしれない」と思ったのであった。

せめて、

「ＵＦＯの飛行システムは地球深部の地殻エネルギーを利用している」

とかおっしゃってくだされば説得力も感じようが、「冷え性」なんて単語を使われるとストーブで尻をあぶっている更年期のおばちゃんしか浮かばない。

とにかく相曽さんにはそうしたオトボケな発言がしばしばあった。中でも印象的だったのが次の文言だ。

「先日、テレビで宇宙人の特集を組んでおりましたので見てみましたら、天狗が出てまいりました。人々は天狗のことを宇宙人と呼ぶんですねぇ」

丸太の段々を上って行く。行けども行けども登りは続く。頂点と目指していた場所に到着しても、そこからさらに緩やかな登り斜面が続いていることを知る。行けども行けども果てがない。やっと下りに入ってホッとしたのもつかの間、すぐまた上への段々だ。時に木の根がのたくって絡み合い、時に土がぬかるんだ中をヤケクソで進んで行く。見かねた夫が「持ってやるよ」と私のリュックを担いでくれた。外回りで鍛えている彼は私よりも足腰が強い。そのままズンズン行ってしまった。と、小さくなった彼の後ろ姿を見送っていて「あっ」と思った。リュックの中には水が入っている！　慌てて後を追ったが夫との距離は開くばかりだ。やがて彼は完全に私の視界から消えてしまった。携帯で連絡したくとも圏外で通じない。水が飲めないと知った途端、無性にのどが渇いてきた。力を振り絞って夫を追う。これはもう参拝ではない、遭難に近い、と思う。次第に腹も立ってきて、大杉権現社が出現しようが、不動堂が現れようが目もくれずに夫を追いかけた。

そのうち緩やかな坂の下にお社の屋根が現れた。社殿を覆う白と黒の幕が厳かである。ヤレヤレようやく奥の院魔王殿にたどり着いたのだ。友人夫婦と夫の姿も見えてきた。夫の肩には私のリュック、リュックの中には私の水！

赤鬼みたいに真っ赤であろう私を見て夫が笑った。

「あなた、アマゾンのジャングルに分け入る川口探検隊みたいな血相で現れたね」

友人夫婦が半笑いで水をがぶ飲みする私を見ていた。

りりしく美しい拝殿だった。原生林の中のしんとしたたたずまいはなかなかの「オトコマエ」だ。

私は動画を残すべくスマホを取り出した。まずは魔王殿を仰ぎ見る友人と夫をとらえた。そこからスタートしてお社を映す。そのまま左へスライド移動して原生林の様子を、自然保護を訴える看板を、さらに木を伝って上へと画面移動し、最後は生い茂る枝をとらえてカットした。ありふれた映像であった。

ところがそこに意外なものが写り込んでいたのだ。それに気づいたのは家に帰ってからだ。動画の終わり近くである。木を伝ってカメラが上へ移動する半ばに若草色の発光体があった。沈んだ緑色の葉影の中でひときわ明るく、まるで竹取物語の一場面のように木の幹の中ほどで輝いていた。

私の目には顔に見えた。大きくつり上がった目、口元は鳥のくちばしを思わせてとがり、頭には山伏のようなかぶりものをしていた。どう見ても「天狗」であった。

夫は動画の鑑定を尚さんの師匠である真言宗の住職に頼んだ。

その日の夕方、夫は興奮気味に電話をかけてきた。

「住職が『こりゃ、ホンモノだなぁ』だってさ！　あれ、映っているの魔王さんだってさ！」

「魔王さんって魔王殿の魔王様？　なんで魔王様が現れるの？」

「あなたの波動に同調したんだって。考えていたことに向こうが同調してきたらしいよ。あなた、なに考えてたの？」

「水、飲みたい、だよ」

ふざけて答えたが、実はこの日帰り旅行の間、ずっと脳裏にこびりついているひとつの考えがあった。

地球が滅んだら、私たちの魂はどうなるのか

魔王が地球にやって来た650万年前、「人類」はどういう状態だったのか。

先ほど私は「猿人」と書いた。けれど正確には（古生物学的には）この期間は「ミッシングリンク」とされている。「ミッシングリンク」は生物の進化の過程を証明する化石がどこからも発見されていないことによる「証明できない間隙《かんげき》」を意味する。人類史にその「失われた環《わ》」があるのだ。4足歩行の類人猿が2足歩行の人間に進化

する過程を証明する化石が地球上のどこからも出土されていないのである。

霊長類の進化の過程をわかりやすくイラストにした表がある。一番左にチンパンジーのように4足歩行をしている猿人（ドリオピテクス）、それが立ち上がって猫背で歩きだし（オレピテクス）、さらに腰が人間のように伸び（ラマピテクス）、まだ顔の作りはサルの面影を残しているものの完全な2足歩行になった（ネアンデルタール）、その後には槍《やり》という道具をかつぎヒゲをたくわえるようになり（クロマニヨン）、バランスのとれた身体つきの私たちホモサピエンスがしんがり、というイラストだ。これが最もオーソドックスな人類の進化図のはずである。ところがこのイラストには証拠に裏打ちされていない憶測が挟み込まれているそうだ。それが2足歩行のオレピテクスだ。最新の研究ではオレピテクスは南ヨーロッパのあたりに数百万年ほどいたが瞬く間に姿を消してしまった種族で、2足歩行ではなかったらしい。つまり彼が我々のご先祖だった可能性は極めて低いと言われているのだ。

人類はいつ4足歩行から2足歩行に移行したのか。

間違いなくその瞬間はあったはずなのに、それを証明できるものがない。類人猿の最古の化石は一千万年前のもの、一方、人類の最古の化石は600万年から700万年の間に生息していたと思われる一種だけらしい。その間の約300万年は完全に霧の中に沈んでしまった。リンクしない。ミッシングリンクだ。

魔王尊が降臨したのはその、まさに霧の中に沈むミッシングリンクの時代なのである。

私はかつて霊能者に、

「もし地球が星ごと滅んでしまったら私たちの転生はどうなるんですか？」

と聞いたことがある。その人の答えは「別の星に転生する」というものだった。

「地球とよく似た環境の星にまた転生するんです」

「そうして前世でこなせなかった課題にまたとりかかるんですか？」

「そうですよ。結構あることですよ」

魂の旅路は私たちが思っている以上に長いようだ。

また、尚さんがこんなことを言ったことも思い出す。

「動物は死んだらどんな所へ行くのかなと霊視したことがあるんです。動物たちは私たちの行くところには行かないんです。彼らは地球発の御霊。私たちとは違うんです」

　私は聞いた。

「彼らはどこに行くの？　動物ばかりの霊界？」

「いえ、彼らには人間のように『成仏しなければいけない』というカルマがありません。もちろん虐待されたようなかわいそうな動物たちは憎しみの念を残しているので素直に転生するというわけにはいきませんが。動物の御霊はもともときれいなんですよ。人間よりもずっと清いんです。動物によって私たちは癒やされるでしょう？　彼らが存在するということそのものが地球の波動を上げるんです。彼らは転生そのものがお役目です。一生懸命生きて、地球を正しく循環させるのが使命なんです」

　私はできることなら、死んだ暁には、先にあの世に旅立ってしまったペットたちと霊界で一緒に暮らしたいと思っていたのだが、悲しいことにそれはむずかしそうだ。私たちは地球発祥の生き物たちとは異なる死後の世界に向かわねばならぬのである。

　なぜだ？　なぜ私たちだけ別行動なのだ？

　ヒト族は同じ先祖からヒト亜種とチンパンジー亜種に分岐した。人間とチンパンジーの遺伝子は93～99％ほどがまったく同じだが、人間の中にはそれまでの進化の過程にはなかった223個の遺伝子が発見されている。この遺伝子はどこから来たのか、科学者にも答えが出せないでいる。この223個の遺伝子は人間の遺伝子の約1％にあたり、これは人間とチンパンジーの違いの1％でもある。この1％に含まれる情報こそ、言語、論理的、同時に抽象的思考、創造性といった、人間しか持ち得ない能力だという。人間が人間たる条件のほとんどがその中に潜んでいるのである。


私たちはどこからきたのか？

私たちはなんなのか？

私が鞍馬山を下りながら考えていたのは、まさにそのことだった。そうして私の頭にはひとつの物語が浮かんでいたのである。

SFとスピリチュアルのはざま

もし人間が輪廻《りんね》転生《てんしょう》する理由が「課題をやり直すこと」だとすれば、私たちはずーっと落第生なのである。

誰しもがある程度の年齢まで生きると、「ああ、自分にはこんなクセがあるなぁ」と思い当たってくる。気が弱い人は「ああ、またできもしないのに引き受けてしまった」と悔やみ、気が短い人は「また友だちを失ったかもしれない」と反省する。気がつきながら同じことを何度も繰り返してしまうとすれば、それはその人の魂のクセだ。恐らくは前世の前世の前世から同じことを綿々と繰り返してきたに違いない。だから本人もうすうす感じているのだ。

「ああ、またやってしまった」

何度も何度も繰り返して、次第に自分自身を理解していく。理解し、受け入れ、己を正す。そのために人は何度も生まれ変わる。

そうなれば生きて魂を成長させるために、魂を宿す器が必要になってくる。と同時に器が活動できる場も用意されなければならない。器とは肉体であり、活動する場とは我々の住む空間だ。

私の頭に浮かんだ物語、それはこんなＳＦファンタジーである。

ある星に住む人々が消滅した。消滅した理由は、高度に発展した文明が自然破壊を引き起こした結果かもしれないし、戦争によるものかもしれない。あるいは星そのものの寿命が尽きたということもありうる。とにかくその星の人々は再生することができなくなってしまった。こなさなければならない魂の課題を山ほど背負ったまま彼らは虚空に放り出された。「もう一度生きたい」と願う魂も、「あと少しで真理に到達することができたのに……」と惜しむ魂も行き場を失ってしまった。それはまさに、聖書がたとえるところの「迷える仔羊」の群れだった。

羊飼いはすべてを知っていた。彼は志半ばの仔羊たちを残して星が朽ちていく様を見ていたし、放り出された仔羊たちの戸惑いの鳴き声も耳にしていた。

さて仔羊の星が滅んだ頃、地球は若く活力に満ちていた。蟲《むし》の時代が終わったばかりの恐竜が闊歩《かっぽ》していた。強い者が弱い者を捕食し、弱い者は集団となって強い者を撃退することで生き延びた。彼らは腹をすかせ、食い、排せつし、卵を産んで育てた。過酷な環境の中で彼らはがむしゃらに生きた。「生きる」ことだけに貪欲な、マグマの塊みたいな存在があちこちにいた。ある「種」が絶滅したことも幾度かあった。けれど絶滅は新たな進化と繁殖をもたらして、地球は常ににぎやかだった。生き物たちは単純で野蛮だったが、単純が故に彼らが作る繁栄と淘汰《とうた》のサイクルは正しく、清らかだったのである。

羊飼いはこの星に決めた。

水と緑に恵まれ、仔羊が生きていくのに適していた。

仔羊たちはきっとこの若い大地をならし、種を植えるだろう。その種は喜びと苦悩をもたらして彼らを考えさせ、苦難に立ち向かわせ、成長させるだろう。

しかし、そのためにはこの星を改革しなければならない。もっと環境を整えなければならないのだ。恐竜を1匹残らず殲滅《せんめつ》し、仔羊たちが食物連鎖の頂点に立つように仕向ける必要があった。「生命を維持するために生きる」存在から「自分の魂と向き合うために生きる」存在へ地球を譲り渡す儀式をとり行わなければならないのだった。

継承の儀式が起こったのは白亜紀の終わりだ。ほぼ東京都心部と同じ大きさの大いん石が秒速20～30キロの速さでメキシコのユカタン半島に落下した

衝撃で３００から１０００メートルの津波が起きた。それだけでなく衝撃波が地中

を駆け巡って、チリや岩石を巻き上げた。摩擦熱は稲妻を呼び、森林火災をもたらした。多くの動物たちが生きたまま焼かれたが、さらに多くの生物が硫酸の雨で死んだ。ユカタン半島が石灰岩と石こうでできていたためである。衝突時のエネルギーで石こうの岩石の中の成分が蒸発して三酸化硫黄となったのだ。

大量の酸の雨が地球全体に降り注いだ。

それにより海中のプランクトンが死滅、食物連鎖の根幹をなすプランクトンが絶滅したことでドミノ倒し式にほかの生物も滅んでいった。結果、地球上の生物の75パーセントが失われた。

儀式は恐ろしく緻密で正確であった。1時間の狂いもなく、必要な場所に必要な量のいん石が衝突したのだ。学者は断言している。「もしこのいん石がユカタン半島ではなくアメリカ大陸に落下したのなら、生物の大量絶滅は起きなかった」と。海中のプランクトンが死滅しなかったからである。

しかし儀式は滞りなく正確に起きた。ちゃんとプランクトンは死滅した。

結果、地球は生まれ変わった。

長い年月を費やして大地が落ち着くと、ぽちぽち新しい生命が生まれ始めた。その中にサルとヒトの共通先祖もいた。

しかし彼らが仔羊たちの器になるにはまだ早い。動物としては完成体でも、魂を宿すのに必要な条件が欠けていた。言語、論理的、同時に抽象的思考、創造性といった、「サルにはない」と言われる1パーセントの遺伝子である。

その1パーセントを埋めるべく、羊飼いはある賢人を地球に遣わした。SF的に言うと「宇宙人」、神智学的に言えば「霊的指導者」、相曽誠治さんによれば「天狗」になるだろうか。

護法魔王尊、サナート・クマラである。

サナート・クマラは4足歩行の猿人と自分の遺伝子を交配させた。あるいはもっと高度な技術を使ったかもしれない。いずれにせよ、地球の猿人の中に新たな遺伝子が宿ったのだった。

魂の器の完成――人類の誕生――だ。サルは立ち上がり、2本足で歩き出した。

消えた人類と残った人類。そのわずかな差とは

人類は猛スピードで進化していった。

彼らは最初のうちは木の上で暮らした。地上で暮らすには危険が多すぎた。ひ弱な彼らは仲間と肩を寄せ合って身を潜めて暮らすしかなかったのである。仲間がいれば心によぎるものも芽生えていったはずだ。目の前で肉食獣に食われた仲間もいただろう。果たして我々のように声を上げてその死を嘆いたかどうかはわからない。けれどなにかしら心に生まれたはずだ。言葉を持たぬ彼らの心に生まれたその感覚こそ間違いなくヒトとしての「萌芽」だ。魂の器の中に落ちた最初の1滴である。

あらゆる生物が誕生と繁栄と淘汰を繰り返す。それは人類も同じだ。だから同じ時期、同じように生きていながら「残る種」と「消える種」がある。「選ばれた存在」と「歴史の舞台からこぼれ落ちた存在」だ。

たとえばネアンデルタールとホモサピエンスは同時期に存在したが、ネアンデルタール

タールは絶滅し、ホモサピエンスの末裔《まつえい》だけが世界に広がった。ネアンデルタールだけではない。絶滅した原人はまだまだたくさんいる。我々は人類史という大樹の中のほんの一枝にしか過ぎないのである。

人類の淘汰はいろいろなことが原因で起こるが、食べ物が果たした役割も大きい。ある時、私はテレビでこんなことを知った。ホモ・エルガステルとパラントロプスという2種類の人類についてだ。この2種は同時期に存在したが、残ったのはホモ・エルガステルのほうだったという。違いはパラントロプスが木の実や根といった菜食であったのに対して、ホモ・エルガステルのほうは肉食だったからだそうだ。肉食といっても獣の食べ残しをハイエナと争って取り合うといった感じだったらしい。獣は内臓を食べる。食べ残しだから人類はもっぱら筋肉組織を食していたのだろう。その肉食こそが彼らの未来を作り上げたというのだ。肉食の持つ高カロリーのエネルギーが彼らの脳を大きくし、知恵を働かせるようになったのだ。

彼らは樹上から下りて、自ら狩りを行うようになった。危険と背中合わせの行動はきっと彼らを刺激したはずだ。命を守るために道具を使いこなすようになったろうし、仲間と連携する術も身につけただろう。コミュニケーション能力を発達させ、同時に身体も平地にふさわしい体形に変わっていったことだろう。脳は人間の身体の中でも最もエネルギーを必要とする。その脳にエネルギーが十分に行き渡るようになって彼らは「ヒト」となったのである。

これもまた羊飼いの導きだ、私はそう思った。

肉食は殺生である。だから肉食をタブーとする宗教は少なくない。神道でお供えする神饌《しんせん》の中に肉がないのは、神道が禁忌とする黒忌み（死）と赤忌み（血）の両方を肉がもたらすからだ。

その汚れを取り込んで彼らはヒトとなった。肉食が魂の器を完成させ、同時に「カルマ」の道を開いたのである。

「肉食はカルマを背負うことだと思う？」

私は尚さんに聞いた。

「そう思います。殺生に通じますからね。でも、だからといって菜食だって同じなんですよ。植物にだって精霊が宿っています。魂だってあるんだから、食べもしないのに当たり前みたいにたくさんとって捨てるなんてことをすれば、そこからカルマが生じます」

原人の彼らは生きるために殺生をし、肉を食べた。それは明日を作る力となった。つまり我々がこの地に生まれて自らのカルマと向き合うために、彼らは肉食というカルマを背負い込んだのである。

ヒト族は、この地球がもたらす食のサイクルの中に飛び込んだ。ほかの動物たちやかつての恐竜同様、生きるために自分の命に必要な分量を狩った。地球がもたらす生と死の単純で清らかなサイクルの一員となったのだ。

そうして我々がいる。すっかり脳が発達した我々「ヒト族」は、今やいとも簡単に大量の食べ物を生み出すようになった。飼育する、養殖する、科学的に作り出す。それらは知恵のたまものだが、「生きるために食べる」という根本からはみ出してしまった。この地球が生んだ「生と死の単純で清らかなサイクル」から我々だけ抜け出てしまったのだ。「自分が生きるために他者の命を奪う」という生物のカルマに、我々現代人は「傲慢」という人間特有のカルマをつけ足してしまった。

なぜ、肉食という業の深いほうのみが地上に残ってしまったのだろう。

その問いに羊飼いはこう答えるような気がする。

「それは魂の器を持った人間ならこう言うに違いないからだ。

『いただきます。あなたの大切な命をいただきます。いただいて私たちは生きます。生きて深く考え、苦しみ、乗り越え、高みへ、より高みへと向かいます。死んでいく時のあなたの無念、痛みを私たちは知っています。だから無駄にしません。ありがとう』

この星において、失われた命に向かってこのように感謝することができるのはヒトだけなのだ。動物たちは自分の命を支えるのに必要な分だけの命を取る。それは自然の摂理であり、それ以上でも以下でもない。しかし、人間の心の波動は大自然の摂理をはるかに超えて地球のそこかしこに染み込む。空に吸い込まれて雨となり、大地に染みて恵みを育み、海に溶け込んで命を作りだすのだ。

自然を偶然の産物と侮ってはいけない。感謝は失われた命を癒やし、この星を健やかにする。魂の高い波動こそ、この星で最も尊いものである。だから私は肉食というカルマを背負った人類をこの星の統治者に選んだのだ。カルマを背負った者は自らの『業』に気がついた時、そのカルマを晴らそうと努めるのである」

宗教上の理由や肉体的な問題以外で菜食を選ぶ人がいる。自分の命を支えるのに殺生などしたくない、そう考えるのかもしれない。

けれど、おいしくいただいてその命に感謝することは供養につながるのだ。

私たちは食べることで失われた命を供養することができる唯一の存在なのである。

正しさを追求して菜食に進むよりも、「ありがとう」と感謝しながらおいしく残さずいただくほうが神の摂理にかなっていると思う。

なにからなにまで「借り物暮らし」の私たち

なぜ鞍馬の波動の高い精霊は私の意識に同調したのだろうか。

「キミたちは地球発の生命体ではないよ」

と教えたいのか。

「キミたちは自然に対して、ほかの動物たちに対して謙虚であるだろうか」

と尋ねたいのか。

「あなたの身体も住んでいる星も食べ物も、あなたを支えるすべてが恩寵であることいろいろ推察して私はこんなふうに解釈することにした。

「ただただ感謝しなさい。あなたを取り巻くすべてに」

と諭したいのか。

を忘れなさんな」


古神道では自分の肉体を傷つけることをタブー視する。古神道研究家の相曽誠治さんは、宗教上の修行であってさえ肉体を傷めることを嫌った。

「肉体は神様からの借り物なんです。大事にしなくてはいけません」

だから自殺は神に対する裏切り行為なのである。

私たちは生まれてくるときに自分でまとう肉体を選ぶという。正直、なんでこの身体を選んだかなーといぶかしむが、その肉体についてきた欠点や問題も含めて受け入れようと決心して生まれてきているのだそうだ。だから魂の「行」が終わる最後の瞬間まで大事に扱わなければいけない。


同じように地球も借り物だ。私たちが成長するためにこの星から恐竜は一掃された。

もしいん石がユカタン半島に落ちていなかったらどうなっていただろう。きっと恐竜たちはまだこのあたりをわが物顔で闊歩《かっぽ》していたはずだ。彼らは2億年近くも地球に君臨してきたのである。一方、私たちはせいぜい600万年だ。

その600万年の間に人類は増えに増えた。現在の地球の総人口は75億人、120年前は驚くなかれ16億人だ。

私たちはどこへ向かおうとしているのだろう。


気温が40度を超えるヨーロッパの夏。

アメリカ、オーストラリアで多発する森林火災。

毎年のように起こるアジアの洪水被害。

インドを襲う熱波。

中国内陸部を飲み込む黄砂。

ニューヨークでは異常な寒さにリスが木の幹にしがみついたまま凍りつき、インドでは街中にヒョウが現れ、温厚なはずのインド象に殺される人が千人を超えてしまったと聞いた。

2019年8月には「地球の肺」と呼ばれるアマゾンの大密林が大火事に見舞われている。

これらの出来事は、私たちになにを伝えようとしているのか。

「地球規模で起きている問題と人間の波動って関連してるの？」

尚さんに聞くと、

「関連していると思います」

と彼女は答えた。

「人口増加や環境汚染といった人為的な現象を外しても、普通に暮らす人々の意識ひとつで地球によい影響を及ぼすことは可能なんです」

波動も束になれば環境を変える可能性があるのだ。私たちが起こしてしまった環境破壊の根底にあるものが経済の発展という物質至上主義であるなら、やはりその波動がもたらすものは高尚とはいえないだろう。

そういえばある霊能者が言っていた。

「人にカルマがあるように、家にカルマがあり、国家にカルマがあります。同様に星にもカルマがあるんですよ」

星も生き物なのかもしれない。鼓動を打つ心臓も、流れる赤い血も通ってはいないが、大地が、山が、石ころが、なんらかの波動を発して「ここにいるぞ！」「キミたちの波動だって感じているんだぞ」としゃべりかけているのかもしれない。

無機質なものたちのおしゃべり

私の夫は天然石を扱う仕事をしている。

扱う石は水晶、アメジスト、ラピスラズリといったオーソドックスなものから、ラリマー、スーパーセブンというレアなパワーストーンにまで広がる。

彼は注文を受けるとその注文主の波長に合う石はなにか、感覚を研ぎ澄ます。石に意識を集めて、そこから発せられる信号を読み取ろうとする。

世界的霊能者エドガー・ケイシーは石のリーディングを行っていたが、彼によると石から放たれる波動はそれぞれまったく異なるそうである。

パワーストーンにしても低い波動を跳ね返す石もあれば、逆に吸収することで持ち主を守ろうとする習性の石もあって、十把一からげにはできない。持ち主の心を慰める性質の物もあれば、肉体を癒やす物もある。人との相性も無視できないし、扱い方によっては石の持っている力を半減させてしまうような場合だってある。逆に石の持つ本来の力を最大限に発揮するような身につけ方もあるのだ。

もちろん夫はエドガー・ケイシーのように石のささやき声まで聞こえるわけではない（ケイシーは石のしゃべる声を伝えたそうだ。これはおそらく波動を感じ取ったのだろうと思う）が、そんな石たちに囲まれて仕事をするうち、次第次第にそれぞれの石の持つ特性がわかってきたという。

石から発せられる意識のようなものを読み取れるようになったらしい。

だから私は面白がって路傍の石ころから鉱物、祖母の形見のブローチまで夫に見てもらう。

「目をつぶって手を広げて」

夫に指を広げさせ、手の平に石を置いて握らせる。

固く握ると形状も肌触りもわからなくなる。手の中に収まるただの物体にすぎず、化石も鉱物もパワーストーンも大差ない。あるのはその個体から放たれる波長のみだ。

「その石はなんて言ってる？　どんな感じ？」

彼は目をつぶって意識を集中させる。石を握ったこぶしを額に当てたり、時ににおいをかぐこともある（石に霊的な障りがあると生臭くなるのだそうだ）。

「すごく疲れてるよ。クラスター（水晶の結晶の集まったもの）の上に一晩置いて休ませてやったほうがいい」

などと言うこともある。

「すごく元気、やる気満々」

と答える時もある。「やる気満々の石っころ」というのも珍しいが、そう言われるとこちらも元気が湧いてくるから不思議だ。


ちなみに石の中で最も強い力を宿しているのがダイヤモンドだ。ダイヤモンドはあらゆる「魔」を跳ね返す。これは私が知る限りすべての霊能者が断言していることである。ダイヤモンドは究極のお守り石なのだ。

とはいえ、「呪《のろ》いのダイヤモンド（ホープダイヤモンド）」と呼ばれるものもある。歴史を彩り、世界中を旅してきた大きなダイヤモンドにどうしてそのような逸話がついて回ったのだろう。

「このダイヤを巡って誰かが亡くなったのかもしれませんね。ダイヤを汚すとしたら人の死だと思います。低い波動を弾き返すことはできても、汚れを払うのはむずかしいでしょうから」

尚さんはそんなふうに解説してくれた。

なんでも弾き返すはずのダイヤモンドまで侵食するのだから、人間の欲とは厄介だ。


ある時、私はミネラルショー（鉱物や石の展示即売会。世界中からバイヤーが集まる）で肉食恐竜スピノサウルスの牙を手に入れた。手頃な値段だった。ティラノサウルスの牙が40万円と聞くから、スピノサウルスの化石はありふれた出土品なのかもしれない。それでも地球の大先輩の名残が手の平に乗っかっているかと思うと夢が広がる。この牙で、どれだけの巨大生物を食らい、どれだけ戦ったのだろうか。

さっそく夫に例の「鑑定」をしてもらうことを思いついた。

私は夫の広げた手の平の上にスピノサウルスの牙を乗せ、すかさず指を閉じてこぶしを作らせた。

と、彼は意識を集中する間もなく驚きの声を上げた。

「これ、生き物だ！」

反射的に手を開いて見ようとするのを押しとどめて私は聞いた。

「生き物って？」

「生きているようなエネルギーを感じるんだよ。なにこれ⁉」

「どんなことを言ってる？」

「言ってるっていうか、生きるパワーそのものだよ。大地の力だ。でも石じゃない。なんだろう？　これ」

手を開いた夫は納得したようだった。

「恐竜の牙かぁ。すごい力を持ってるんだね」

「生存」というたったひとつの目的のためにがむしゃらに生き抜いた命のカケラは、いまだにマグマのような熱を帯びていたのである。

「これは身につけたほうがいいよ」

夫はそう言った。

圧倒的な恐竜の力に魅了されたのか、彼は翌日仕事の合間を縫ってミネラルショーに飛び込み、草食恐竜トリケラトプスの牙を自分用に買ってきた。ネックレスに加工して毎日身につけている。

私たちに語りかける木や石たち

実はこの地球はパワースポットだらけなのである。

尚さんはある年の夏の盛り、西麻布に並ぶ街路樹に意識を合わせることを試みた。降り注ぐ強い日差しに車の排気、土はカラカラに乾いて街路樹は見るからに元気がなかった。果たして木々はなにを思っているのだろう、尚さんはそう思って霊視のチャンネルを街路樹に合わせたのである。

するとこんな波動が彼女の中に流れ込んできた。

「人間たちに元気がない。大丈夫だろうか」

街路樹は道行く人間たちの波動を感じて、その身を案じていたのである。

「私たちのことを心配していたんですよ！　自分だって苦しい環境なのに」

尚さんの声には感動の響きがあった。

またこんな話もある。彼女は石同士がぺちゃくちゃおしゃべりするのをよく耳にするのだそうだ。彼女は夫のジュエリーサロンを手伝ってくれていた時期があるのだが、ちょくちょく石たちはこんな話をしていたそうだ。

「モノと思っているだけの人のところには行きたくないよ」

「大切にしてくれる人の元に行きたいもんだねぇ」

石たちは自分を見ている人の波動を感じている。

人間の「買う石を選ぶ」という意識の集中から波動を感じ取り、やがては誰かの元にもらわれていくことを察していたのである。道行く人の波動を感じて心配していた西麻布の街路樹と同じだ。

「でもむっつり黙り込んだままで、しゃべらない石も少なくないんですよ。街中の大手のパワーストーンのお店では石たちがみんな黙り込んでいました。扱う人が〝モノ〟だと思うと、石たちも〝モノ〟になってしまうんですね」

ずさんな扱いをするペットショップの動物たちに元気がないのと同じかもしれない。

木も石も語りかけているのである。ただ人間と方法が異なるので、私たちの耳に聞こえないだけだ。私たちに聞こえないからと言って彼らがなにも思わず、考えもしないと決めてかかるのは傲慢かもしれない。

なぜ人間だけがペットを愛でるのか

動物たちは、生まれ変わることで地球を支える自然界の法則の中に戻っていく。動物の役目は地球そのものを癒やすことだからだ。しかし、ある種の動物たちは地球だけでなく私たち人間をも癒やしてくれる。

ペットだ。家畜と呼ばれる動物たちもそこに含まれるだろう。

考えてみればこれは生物界において実に珍しい現象なのである。ある種の生物が異なる生物を愛おしく思う。家族のように大切にして、失った時の喪失感が強烈なストレスになっていつまでも消えることなく身をさいなむ。これは人と、人に関わった動物だけに見られる現象ではないだろうか。

なぜ人はペットを愛するのか？

なぜ人だけがほかの生物との間に「愛情」という特殊な感覚を挟むのだろうか？

私自身、何匹もペットと触れ合ってきたのに答えが出せない。

数年前、わが家の飼い犬が腎臓病で死んだ。死ぬ間際はガリガリにやせて、中型犬なのに抱き上げるとまるで羽根布団のように軽くなってしまっていた。もう目も見えず、はうこともままならなかった。

いよいよ事切れるという瞬間、私はとっさに犬の名を呼んだ。すると彼女はまるで長いこと会っていなかった飼い主の顔を見つけた時のように尻尾を振り上げ、腹ばいのままちぎれんばかりに振ったのだ。

それが最期だった。

この時の私の気持ちはひと言では表現できない。悲しみが一気に大波となって押し寄せてきたのだが、その底には深い感動があった。「これほどまでに愛されていたのだ」という思いがはちきれそうになって喪失感と混ざり合い、私は言葉を失った。

その数年前に死んだ猫とはよく額をこすりつけ合った。時に彼女はテーブルの上に飛び乗って私の正面に回ると、甘えたように私のおでこに額を押しつけてきた。目をつぶってぐいぐいこすりながらのどを鳴らすので、私も目を閉じてじっと顔を寄せ合った。

この時に胸に広がる思いを言葉にするのはむずかしい。愛おしさと同時に、猫と人という種族の別を越えたなにかが私と猫を包み込むのを感じた。

それは心地よく、安らかだった。「私たちはこの世に2人っきり」といった甘い気分に浸りながら額を小突き合った。

馬は臆病な生き物だ。牧場では「馬に近づく時は大声を出してはいけません」「大きな動作も慎んでください」と忠告を受ける。馬はほんの少しの刺激でおびえてしまうから、人間のほうで気をつけてやらなくてはならないのだ。

その馬が人を乗せ、戦の真っただ中に切り込んでいった歴史がある。

戦場では鬨《とき》の声が上がり、矢が雨のように降り注いだだろう。敵が武器を振りかざして迫り、人も仲間も血を吹き上げて倒れていったに違いない。馬はそんな中、あるじを背に乗せ敵陣目指して突き進んでいった。

彼は自分のあるじを信じていたのである。あるじに対する思いが「臆病」という馬本来の性質をねじ伏せて戦に立ち向かわせたのである。

人は動物を愛した。すると動物たちはその思いに応えるようになった。私たち、人間の存在が地球発祥の動物たちに本来なかったはずの高位の波動を芽生えさせたのだ。それは「慈愛」と思う。

同時に私たちは、たくさんの地球発の魂に見守られてもいるのである。木、動物、石、大地……、彼らは波動という私たちの聴覚には届かない言語でしきりと話しかけてくれている。

私たちが彼らを大切に扱えば、彼らはますます私たちを励まそう、寄り添おうとしてくれるはずだ。私たちがこの星に住むすべての魂と心で交流できたなら、きっと四季は正しく巡り、生き物の命のサイクルは正常に回転し、最後の一瞬まで地球は健康でい続けることができるのではないか。

地球は太陽から3番目の惑星で、外惑星という5人の兄さん、姉さんたちに守られてきた。

地球に巨大いん石が衝突しない理由、それは木星、土星といった巨大な惑星がその莫大な重力でいん石を自分の中に引き入れてしまうからである。

きっと先の羊飼いはそのことも計算ずみだろう。

木星、土星、海王星、天王星という巨大な星たちの守りの中で地球は回っているのだ。オボコ娘の地球は木星兄さんや土星姉さんの存在がなければとうの昔に木っ端みじんになっていたかもしれないのである。なんせ巨大いん石は天王星兄さんを2度も張り倒して、地軸を横倒しにしてしまったといわれている。そのせいで天王星は取り巻く環が縦についている。

私たちはなにも知らない。知らないうちに住む星が準備され、知らないうちに最悪の天災から守られている。

私たちは空を見上げて天を呪うことがある。わが身を嘆き、神に向かって怒りのつばを吐くこともある。かと思えば見ず知らずの人のために涙を流し、魂を思って祈ることもある。

そんなふうに揺らぎながら前進していく私たちを、言葉を持たない多くの存在が

「がんばれ、がんばれ」と励ましてくれているのがこの地球だ。

太陽が消滅するまであと50億年と言われている。太陽がエネルギーを使い果たして死を迎える時、地球は太陽の膨張に飲み込まれて燃え尽きる。運よく飲み込まれなくとも、太陽光を失った暗黒の世界はすべての生命体に死をもたらすだろう。

50億年後にはきっと人類なんか残っていないだろうから心配することはないが、同時に私はなぜ人類がいなくなっているかを想像する。

その上で私たちが消えるその日までになにをすればいいかを考える。

いつかまた鞍馬に行ったらこのようにお礼申し上げようと思う。

「授かった遺伝子の1パーセントでこの星にご恩返しをしましょう。木に、石に、動物に、この大地に、私の感謝が届きますように。私たちの魂を拾い上げてくださいまして本当にありがとうございました」

魔王殿を再び訪問する、その日のために足腰でも鍛えておこうかな。

第五章　笑って明日を迎えるために

いん石が地球のそばをかすめ通っても、アマゾンの密林が火事で燃えようとも、私たちは生きるのだ。

家に引き込もっていようが、首をくくる木を探しに樹海をさまよおうが、心臓が止まるまで魂は学ぼうとする。

「悪」とはいったいなんなのか？

日々、いろいろな事件が起こる。子どもを虐待したり、殺したり、高速で前の車をあおったり、放火してたくさんの命を奪ったり。

ひとつの事件に心を痛めて嘆いていると、別の新たな事件が起き、その事件に目を奪われているとさらに驚くようなことが起きて、気がつけば悲惨な事件にも「またか」と慣れている自分がいる。次から次へと起こる悲劇はまるで川面を流れる木の葉のようだ。

私はあっけにとられながら川面を眺める。

今、なにが起こっているのだろうか？

私たちはなにを見せられているのだろう？

ヒットラーは悪である。誰もが知っている。なぜか？

戦争をしたから？

多くの罪のないユダヤ人の命を奪ったから？

人間の尊厳を踏みにじったから？

生命というものをおもちゃのように軽んじたから？

いろいろな考え方があり、そのどれもが正しい。

もうひとつ、忘れてならない罪がある。ヒットラーは常に揺れ動く人の意識を掌握し、差別へ、嗜虐《しぎゃく》へ、争いへと導いたことではないか。冷静に考えればとんでもない悪行を、正しいことと当時のドイツ人に信じ込ませた。これは被害者のみならず加害者たる普通の人々の魂をも汚す行為だ。

第二次世界大戦のユダヤ人収容所を描いた映画の中で、こんな印象的なセリフがあった。

「一番恐ろしいのは彼ら（ナチス）が本来なら善良なごく普通の人間だということで

す。ごく普通の人間がこんなことを平気でするようになってしまった事実こそ最も恐ろしい」

映画の名前もこのセリフを言った女優も忘れてしまったが、この言葉だけは心に刻み込まれた。これこそ戦争のもたらす一番の悲劇かもしれない。

ヒットラーは演説がうまいことで有名だった。彼の声の中には人をうっとりさせるα波《アルファー》が込もっていたと以前どこかで聞いたが、実際、彼は言葉を使い魔にする魔術師であった。

彼は民族の誇りに黒魔術の呪詛《じゅそ》を込めて民衆を操った。あの時代のドイツ人のほとんどが思ったはずだ、「自分は正しい」と。

ドイツ人だけではない。日本人もアメリカ人もロシア人も、あの時戦争に関わったすべての人が、自分は正しいと信じたはずだ。罪のない人を踏みにじることでしか相手を納得させられない正義は正義なのか？　あの時代を生きたほとんどの人がこう答えたと思う。

「正義を遂行するのに犠牲を伴うのは仕方がない」

人間は川底で揺らぐアシだ。アシは流れによって向きを変えてなびく。流れが止まればなびくことをやめる。外界からの刺激でいとも簡単に左右されてしまうのが人間なのだ。

とある地方の田舎町で聞いた話だ。事件らしい事件も起こらない平和な町だが、何年か前に新聞に載るような殺人事件があった。

男Aが男Bを刺殺した。

よく耳にするタイプの殺人事件で、犯人も逮捕されているから新聞は大ざっぱなあらまししか紹介しなかった。

「酔っ払いによる『人違い』殺人」

そんなことが書かれていた。

けれどこの事件の根底には、人間の意識と言霊に関係した真理が隠されていたのである。

実はこの事件にはAとB、2人の男だけでなくCという人物も絡んでくる。そしてこのCこそ事件一番の主要人物なのである。

Cはよく町で酒を飲んだが、なぜだかいつも中学生と高校生の2人の息子を伴い、あまつさえ自分と同じように酒を飲ませていたのだった。

事件の日もCは2人の息子と一緒だった。そうして親子で飲むうち、酔っ払ったのか高校生の兄がしきりと「人を殺したい」と言いだしたのである。

「あー、人殺してぇ。誰でもいいから、人殺してぇ」

最初のうち、大人たちはみんな聞こえないふりをした。けれどあんまりしつこく言うので、ひとりの大人が「そったらこと言うもんじゃねぇ」とたしなめた。それがAだった。

その言葉に親であるCは噛みついた。AとCはいさかいになった。Aは激高して包丁を手にCに迫った。それを止めたのがBだ。2人の間に割って入ろうとしてBは刺し殺されてしまった。もみ合ううちうっかり包丁が刺さったのか、我を忘れたAが勢いで刺したのか、Cだと勘違いして犯行に及んだのかはわからない。「殺したいなんて言うな」とたしなめた人が、止めに入った善意の人間を殺してしまったのである。

私は真相を聞いた時、

「ああ、結局、言霊通り、この高校生は人を殺したんだな」

と思った。私はBを殺したのはAではなく高校生の息子だと感じた。

「ああ、人を殺したい」

繰り返される呪文は、恐らくはA、B、Cそれぞれの間にあったであろう因縁を目覚めさせ、負のエネルギーを呼び起こし、長年のカルマを一気に爆発させて因縁をいっそう深くした。

言葉に宿る力は強力である。お経、祝詞、真言、聖歌、コーラン……。発せられたエネルギーは音とリズム、抑揚に乗って空間を漂い、そこにあるあらゆる波動に強い影響力を発揮する。

幸いなことに現代ではヒットラーほど言葉に影響力を持つ人物はいない。ところが現代でも眠っている人のエネルギーを簡単に左右するツールはある。しかも厄介なことに、影響を与えるのは決まった人物ではなく、不特定多数だ。

インターネットである。

「秋葉原無差別殺傷事件」を引き起こしたもの

時折、2008年に起きた「秋葉原無差別殺傷事件」について考える。

犯人の加藤智大は大罪を犯した。

動機はなんだ?

調べてみるといろいろ出てくる。支配的な母親とネグレクトな父親、進学校での挫折など、心が痛むような記事も多く見つかる。そのすべてが彼の劣等感や自己否定の意識を育て、波動を下げるきっかけになったとは思うが、この事件の動機そのものは彼自身こう供述している。

「インターネット掲示板にいやがらせをしてきた者たちに、その行為が重大な結果をもたらすことを知らしめるため」

家庭にも職場にも自分の居場所が見いだせなかった加藤は掲示板を家庭とみなし、そこに集う人たちを家族と思った。その掲示板でどんなやりとりがあったのか、もう見つけることはできなくなってしまったが、事件直後のマスコミの記事を記憶を頼りに思い返すと、すさんだ言葉を吐き続ける加藤を励まし、慰めようとする人もいたのであった。

けれど慰められれば慰められるほど彼は反抗する。自分の置かれた状況を捨て鉢に語り自分を卑下するのは、もっと癒やして欲しいという甘えの裏返しだ。これでもか、これでもか、と相手の揚げ足を取って言葉の自虐行為を繰り返すうち、彼を受け止めようという人はいなくなってしまった。それどころかあおってからかう文言が増え始め、自分になりすます人が現れ、加藤の聖域は土足で踏み荒らされた。

殴りつけたいほど腹が立ってもどこの誰だかわからないのがネットの世界だ。唯一の復讐《ふくしゅう》方法は一蓮托生《いちれんたくしょう》しかないと考えたのだろう。

「よし、お前がそういうことをするなら、オレは無実の人間を道連れに地獄に落ちてやる。でもよく覚えておけ。オレを鬼にしたのはお前だ！　お前がオレにこれをやらせたんだ！」

この時点で、加藤と無責任にあおった人物はつながった。

この事件の主犯はもちろん加藤だ。けれど犯行の黒幕は別にいる。「人」を指すつもりはない。あおった人の中にある「波動」だ。波動の中でも最も低い最下層の波動が「秋葉原無差別殺傷事件」と「人違い殺人」、この2つの事件を起こしたと思う。

母は凶悪事件をテレビで見るたびによく、

「犯人は地獄霊に取り憑かれていたんだよ」

と言う。

その通りだとうなずきながら、「でもそう言われると元も子もないなぁ」と思う。地獄霊に取り憑かれるのは地獄霊と波動が合うからだ。間違ってもガンジーやマザー・テレサには地獄霊は憑かないはずなのである。


波動を下げないようにするにはどうしたらいいのか。むずかしい。

スマホにはいろいろなニュース、動画が送られてくる。

八つ当たりに店員を土下座させたり、人の口に入るものを粗末に扱ったりする映像が小さな液晶に映る。当然、人々は怒る。怒ってもどこの誰だかわからないからストレスがたまる。

すると誰かが当該人物の個人情報を公開する。名前、通っている学校、親の職場……。そうした情報が瞬く間に広がり、怒りを持て余していた人たちによってさらに拡散されていく。匿名のコメントが並ぶ。正論に留飲を下げることもあれば、口汚さに別のイライラが生まれることもある。

よくも悪くも人の意識はぐるぐると世界を回る。コメントを載せている人はそんなに深く考えてはいないように見える。親指でチョンチョンチョンとその時の気分をたたいてすぐに忘れる。

けれどその時に発せられた「意識」は、本人の思惑を超えて影響を残しているのだ。どこかで誰かの神経を逆なでし、凪《な》いでいた気分を荒立たせているかもしれない。小さな波動も、束になれば津波になって人を飲み込むこともある。


加藤にも地獄霊は憑いただろう。

けれども救いない彼の人生にも一条の光は差していたのだった。彼には友人がいた。記憶を頼りに書く。友人の言葉だ。

「僕は今でも加藤を友だちと思っています。僕がそばにいたらいろいろ話を聞いてやったのに。そうしたらこんなこと起こさせなかったのに。そう考えるとつらいです」

この言葉は悲惨な事件の中で唯一いたわりの波動を伴って光を放つ。

荒涼とした大地でも、たった1本木が生えているならば、そこはまだ肥沃《ひよく》地となるチャンスがあるのだ。

加藤にはそのことに気づいて欲しかった。

大切で簡単だがむずかしい「波動」について

尚さんと始めた「あの世のお話会」では、いろいろな現象、そこからの学びなど、時折脱線したり大笑いしたりしながら進めていく。けれど、いつも最後は「波動」の話で終わる。「波動を上げよう」「波動こそ最も大事」ということを伝えたくて始めた「お話会」なので外すわけにはいかない。

「波動ってなんなんですか？」

質問されると「待ってました！」という気分になる。

「実は皆さん、波動の中で暮らしているんですよ」

というところから始めてこんな〝アルアル〟を話す。

「たとえば怒っている人と一緒にご飯を食べるとおいしくないじゃないですか。逆に大喜びして食べている人と一緒だと、不思議とおいしく感じる、あれです。

親子関係や夫婦関係、親しい友人なんかだと、言葉に出さなくても通じ合うでしょう？　『怒ってるんだぞ』ってわざわざ口に出さずとも伝わってくるし、伝わってくるとこちらまでイライラしだすしね。気落ちしているのも空気感でわかる。あれは全部波動ですよ。家族は波動が似ているからわかるんです。

家族以外にも波動の交流は普通にありますよ。思春期の頃、誰かを好きになった時に思わず相手の姿を目で追ってしまう経験があるでしょう？　すると声をかけられたかのようにふいに相手が振り返ることがあって、ドキッとしたものです。あれだって波動ですよ。言葉にできない思いが波動に乗って相手に伝わってしまったんです。

見知らぬ街で迷子になった時に行き交う人に道を尋ねる。その時、あの人にしようかな……いや、こっちの人に聞こう、なんて無意識に人を選ぶのも波動が近い人を選んでいるわけです。

コンビニ前にたむろしているヤンキーは似たような波動をしているから集まるわけで、あの中に50がらみのザーマス奥様が混ざることはないでしょう？　ザーマスにはザーマス波動でつながったザーマス仲間がちゃんといる。みんな見えない波動で『居心地がいい』『居心地が悪い』を感じてつながっているんです」

すると質問した人は「ああ！」と思い当たる顔をする。

「波動」という呼び方はどうも硬くて、スプーン曲げや気功といった特殊能力の類いと混同するが、なんのことはない、魂のある者はみんな発しているごく普通のエネルギーなのだ。日常に溶け込みすぎて見落としてしまうのである。

そういえばこんなことがあった。


娘が中学生の頃のことだ。私は娘と一緒に渋谷のとあるファッションビルをうろつきながら夫と待ち合わせをしていた。

お茶を飲んだ後、本屋に立ち寄った。私が精神世界の本などを物色している間、娘は立ち読みしていたが、しばらくして、

「なんだか疲れる本を読んじゃった」

と戻ってきた。どうやら若い人向けの自殺関連の本をチラ見したらしかった。「肩が重くなった」と言うので本屋を離れ、気晴らしに洋服を見て歩くことにした。けれ

ど娘の顔色はさえない。「これ、どう?」と服を見せてもどこか上の空だ。ちょうど夫が来たタイミングで私はスカートを手に試着室に入った。ウエストのファスナーを上げて、「どうかな?」と試着室のカーテンを開けた途端、あぜんとした。様相が一変していたのだ。

夫が娘の肩を数珠でたたいていた。

娘は泣きはらした真っ赤な顔をしていた。こらえようと思っても勝手に涙があふれてくるらしく、おえつを漏らしていた。

「オン　アボキャベイ　ロシャナウマカボダラマニ……」

ブティックの店先で夫は光明真言を唱えた。店員は困惑の表情ですがるように私を見ていた。

「自殺」というワードに関心を持った娘の一瞬の波動に、そこらを漂っていた低級霊が反応したのだった。同じ波動、同じ波動とエネルギーは磁石のように集まり、娘は取り憑かれてしまったのである。だから当時のことを今の娘に聞いても、

「肩が重かった以外、なにも思い出せないんだよ」

という答えだ。大人になり切れていない、けれど無邪気丸出しの子どもというわけ

でもない微妙な年頃の子どもたちは感じやすく、波動が揺らぎやすく、だから憑依されやすい。学校という閉鎖された環境では集団ヒステリーに広がることもある。

やおいマンガでさえ「なにか」を引き寄せる

時として「いくらなんでもこりゃあないだろー」と思うような作り物全開のホラーマンガでも変な低級霊を呼び込むことがあるから厄介だ。私自身、そういう経験をしょっちゅうしている。

「こんなやおい（ヤマなし、オチなし、意味なし、の意）のホラーマンガ本に誘われてくる幽霊はさすがにいないだろう」

と思って読んでいると、ビシッとラップ音が始まる。

ガタッ、ゴトッ、と天井が鳴り始め、密度の濃い空気が漂ってくるので「来たな」と思う。霊的感度のいい夫がいると、

「あなた、またしょうもないマンガ読んでるね」

と小言が始まるので、言われる前に自分で払う。

「アビラウンケンソワカッ!!」

怒気を込めて大日如来のご真言を唱える。するとスカッと消える。

この程度の雑魚霊なら私程度でも十分払えるのだ。そうしてマンガの続きに戻る。

呼んでおいて払い、払っておいてまた読み始める。低級霊はさぞかしオロオロしていたことだろう。

「怖い話をしているとホンモノの幽霊が来る」と言われる由縁は、こうした波動によるものに違いない。


低い波動は低い波動に引き寄せられて集団化する。集団が大きくなると霊道というたまり場になる。そしてさらに同じような低い波動を呼び込むので、霊道は事故が起きやすくなったり、活力のない人間を飲み込んだりするようになる。

同様に高い波動は高い波動を呼んでパワースポットとなる。清涼な空気に包まれて、道行く人を元気づける。

ただパワースポットの放つ癒やしの「気」を「ちょうだい！　ちょうだい！」とやってしまうと、次第に「欲しい、欲しい」の波動のほうが力を持ち、元々あった高い波動を弱めてしまう。

ここでいつもお話会で締める言葉を書いておこう。

「似た波動の者同士、一緒にいると安らぐのは同じエネルギーに包まれるからです。だから集まるんです。集まるとさらにエネルギーは大きくなります。波動の高いエネルギーが集まればいいいんですが、低いエネルギーだとどうなるでしょうか？　時にはほかの生体エネルギーを駆逐してしまうこともあるから怖いんです。人の心というのは揺らぐから、あっと言う間に影響されてしまうんですね。洗脳されたり、徒党を組んで弱者をいたぶったり、戦争になったり、そうしたことが起きています。だから波動を意識して生活することが大事なんですよ」

「物書きの血筋」に課せられたものとは

わが家は物書きの血筋だ。私の母（佐藤愛子）は作家で、祖父（佐藤紅緑）も作家、叔父（サトウハチロー）は詩人である。

美輪明宏さんは以前、「ご先祖に『大鏡』の作者がいるわよ」と教えてくださった。

『大鏡』は作者不詳である。自分に流れる血の中にその作者がいるのか、と思ったら興味が湧いたので調べてみたところ、文徳天皇から後一条天皇までの宮廷の歴史を描いたものだったのでがっかりした。妖怪とかお化けとか動物とか出てくる話だったらよかったのに……。

とにかくそんなふうにわが家の家系には文筆家が多いのだ。

「そういうお役目がある家系なんですよ」

と教えてくださった霊能者もいる。

「書くことで人を励まし、元気づけることを使命にされた家系なんです。お母さんの書いた物を読むと元気が出るって言う人いるでしょう？　サトウハチローさんは戦後の、日本人みんなが明日を見失っていた時に『リンゴの唄』で力づけたし、おじいさんの紅緑さんは貧しい子どもたちを励ましたじゃないですか」

「人を励まし、元気づけるのが使命」

そう言われるとヒーローめいて聞こえるが、その背景には深い因縁がある。

北海道から始まった霊騒動を鎮める過程で徐々に明るみに出てきた家系の問題だ。

以前、母が美輪さんに尋ねたことがある。

「私の夫は以前、有名な占い師になにをしても大成功を収める運勢だと言われたんです。それがもうなにをしても全然ダメじゃないですか。それほどまでに夫の家は深い因縁を背負ってるんでしょうかねぇ」

美輪さんは霊視してこう答えた。

「全体に薄暗い感じの家系だわね。夕暮れ時のようにどんよりしてるんだけど、うっすら地平線に残照が残っているのよ。それに比べて佐藤家は真っ暗。佐藤さんの家のほうが因縁は深いわね」

問題の多い父の家系よりも自分の家のほうがよほど救いがないことを知って、母はぐうの音も出なくなったのだった。

そこまで深い因縁とはなんなのだろう。


私が知っている母の歴史は戦ばかりだ。夫の借金を背負わされて戦い、それが終わったら見えない相手との霊的戦いが始まった。

それは普通の人なら日々泣いて過ごすような不幸の連続だった。それを母は蹴散らし、乗り越えた。逃げるどころか面白おかしく書いて世間に公表し、すると世の中の多くの人がモリモリ元気になったのである。

それは母でなければできないことであったと思う。同時に私は気がついた。母に降りかかる不幸は母ならば乗り越えられる質のものだった。乗り越えた先でなにかを得ることのできる不幸だったのだ。

それは内側に多くの学びをみなぎらせた水風船みたいだった。

どこからともなくこちらめがけて飛んできてバッシャンと母に当たったた（そばにいた私までひっかぶることもあった）。頭から冷たい水を浴びて私たちは慌てた。けれどおいおい知るのである。あの冷たい水こそ多くの真理をはらんでいた。

水風船を投げつけたのは私の父ではない、別荘の幽霊でもない、神様だ。

「パパには本当に腹が立ったよ。でもパパがいなかったら私は『戦いすんで日が暮れて』で直木賞はとれていなかったからね」

母は父にだまされてはそれを書き、幽霊に悩まされてはそれを書いた。

すると多くの人がそれを読んで「元気をもらった」と、明日に立ち向かうプラスの波動を発し始めたのだった。人生で味わったマイナスが、読者に届く時はプラスのエネルギーを放つのである。

どんな理不尽や腹立たしさにも意味があることを教えてくれたのはほかでもない、不幸な出来事そのものだった。

佐藤家の「血脈」の秘密

母も祖父も気が短く、いったん怒ったら手をつけられない性格だ。ここらへんでやめておこう、という冷静さが見えないのだ。

普通の人は怒った時に怒りの理由が感情の真ん中にあるのだけど、母の場合は怒りのエネルギーそのものが感情を支配するように見えた。込み上げる怒りは母を支配し、母は怒鳴ることを止められない。

「なんであんなに怒っていたんだろう」

後から母自身いぶかることもあった。

祖父は母よりももうひとつ荒かった。「韃靼人《だったんじん》」と呼ばれたこともあるという。どうやら祖父が生きた時代は気の荒い、野蛮な人を「韃靼人」と称したらしい。つまり祖父は蛮族と見なされていたのだ。

その蛮勇ぶりを表すエピソードがある。

祖父が新聞記者をしていた頃のことだ。宿直室で同僚が祖父の尊敬してやまないある人物の悪口を言った。聞いた祖父は激高した。

「謝れ！」

と、そばにあったランプを床にたたきつけた。ランプは粉々に砕け、飛び散った油に引火して瞬く間に燃え広がった。

詰め所にいた人は大慌てで鎮火に走り回った。祖父は燃え盛る火のど真ん中にどっかとあぐらをかいて怒鳴った。

「彼の悪口を言った者はこういう目に合うのだ！」

怒りながら尻で火を消したという話だ。

私は思った。

――悪口を言っていないじいちゃんが一番ひどい目に合ってるじゃないか。

怒りすぎて、なにを言いたいのかも、もはやわからないのだった。

母に尋ねたことがある。

「おばあちゃん（母のこと）もおじいちゃん（祖父）も怒ったら手がつけられないところがあるじゃない。たどっていったら誰の血かしらね」

「弥六さん（曾祖父）だろうね」

「でももっと昔に弘前城の石落としの穴から石垣を登ってくる敵に一抱えもある石を投げつけた女猛者もいたじゃない」

「佐藤家は荒っぽいからね。さぞかしたくさんの人を殺してきたんだろう」

たくさんの人を殺した。

それが佐藤家が因縁で真っ暗な原因だろうか。

時代によっては人殺しが誉れになることだってあったのである。

殺した人数が多ければ多いほど「あっぱれ」と褒めそやされた時代だってあった。

いや、それ以前にどんな家系だって殺人者のひとりや2人はいたに違いないのだ。

ひとりの人間が誕生するまでには100万人以上の人間が関わっているというではないか。

「佐藤家の因縁の始まりはなんだったんでしょうね？」

そう霊能者に聞いたことがある。

因縁をたどっていくと、一等最初のとっかかりがあってそれが核になり、人との縁や負の出来事を呼び込む。膨れ上がるにつれ、新たに人を巻き込み、問題を発生させる。その核がなにか聞いたのだ。

答えは、

「それはご先祖様がどうしても言えないとおっしゃってます」

というものだった。

なぜ先祖は「言えない」のだろう。子孫に語れないほどのひどいことをしでかしたのだろうか。

行動よりも重要な「波動」の質

スピリチュアルの世界で最も大きな咎《とが》は「波動を下げること」だ。

「人を殺した」という「行動」よりも、「どんな波動で人をあやめたのか」が大きな意味を持つように思う。

歴史は戦いによって作られ、現代は累々たるしかばねの上にそびえている。その「死」一つひとつが恐ろしいというよりも、「死」の中に潜む「残虐」を、「無念」を私たちは恐れる。

アイヌへの迫害や隠れキリシタンへの弾圧などを読むたびに、私はそれを行った人物に対して激しい怒りが湧く。

それからふと思う。私の先祖はこれをやったのではないか？

北海道の別荘を訪れた尚さんは言った。

「アイヌを迫害した中に佐藤家のご先祖様がいらっしゃいます」

その後のことは言葉を濁して多くを語らない。

もしかしたらご先祖が固く口止めをしているのかもしれない。

母の前世は松前藩側についたアイヌであり、先祖はアイヌを迫害していた和人であった。因縁の糸は複雑に絡み合う。

前世の母は、後の世で自分の先祖となる和人と手を組み、自分の仲間を裏切った。

佐藤家の人々には荒ぶる血が流れている。先祖は血の中に潜むエネルギーに突き動かされて人の恨みを買うようなことを行い、子孫も荒ぶる血に振り回されながら、しかし同時に血の中に潜むエネルギーで文学作品を生み、多くの人を励ました。両方とも同じ血の、同じエネルギーなのである。

「モノを作るという行為は命を削ることなんです」

尚さんはそう言う。

芸術家は皆「鶴の恩返し」のように自分の羽根を1本ずつ抜いて作品を作っていく。今は亡き田辺聖子さんが母にこんな話をしたそうだ。田辺さんが精魂込めて長編小説を書き上げた時のこと、出版社に送るべくファクスの横に重ね置いた原稿に、紫色の煙のようなフワフワしたものがかかっていた。ホコリと思ってフッと息を吹きかけても、手で払っても取ることができなかったという。

「光みたいなものやったんよ」

そう田辺さんは言ったそうだ。霊能者はこう解説する。

「それは彼女の作品に注ぎ込んだエネルギーそのものです」

紫の光は「鶴の恩返し」の抜き取った羽根、芸術家の命のカケラなのである。丹精込めて書き上げた原稿はそれ自体が波動を放ち始めたのだ。

見知らぬ人が言う。

「佐藤先生の作品からたくさんの元気をもらったんですよ」

この言葉が佐藤家の因縁を少しずつやわらげ、解きほぐしていくといいなぁと、一族の末端にいる私はそう思う。

数々の霊能者が教えてくれたこと

「杉山響子ってなんなの？　霊能者でもないのになんでこんな本を書くの？」

そう思われる方はきっと多いと思う。

私は霊能者ではない。友だちとＥＳＰカード（超感覚的知覚実験用カード＝星、波、円、四角、十字の5種類のカードを伏せて、なんのカードか当てる実験用カード）で遊んだこともあるがほぼほぼ当たらないし、幽霊だって見たことがない。

だからこそ、人生上起きた一つひとつの怪現象は新しい発見をもたらしてくれた。もし私が霊能者だったら、最初から「そういうもの」と理解しただろう。けれど私は見えない。不思議の奥にある真理を誰かわかるように説明してくれと思う。そういう意味で私はごく普通の人の代表なのだ。

ここに書いていることは私が経験したことの集大成、心霊的歴史のすべてだ。たくさんの霊能者の教えと、彼らの口から発せられた言葉がここにはある。もはやいろいろな言葉がありすぎて誰が語ったか思い出せない文言も多い。

名前を出さず、ただ「霊能者が」とのみ記述した文章はそうしたものだ。発せられた言葉だけが、それ自体生き物のように心に住みついている。

重要なのは言った「人」ではなく、その「言葉」と「出来事」なのだ。もしそれが「人」だったら、私は特定の人物の「信者」になっただろう。その人を「神の代理人」と信じて自分で考えることをやめ、その人の言葉にすがって生きただろうし、人にもそうするように勧めただろう。

けれど私の前には入れ代わり立ち代わりさまざまな霊能者が現れた。それこそ神の計らいと思う。

シルバーバーチという太古の高級霊がいる。

多くの、価値ある波動の高い霊言を残したことで知られているが、シルバーバーチという名は仮名であった。その高級霊はどんなに頼まれても決して自分の名も国籍も明かそうとはしなかったのである。

その高級霊の残した言葉だ。

「名前を聞いてどうしようというのですか？　もしも私が歴史上の有名な人物とわかったら、私のこれまでの発言にいっそう箔《はく》がつくと思われるのでしょうが、それは非常にタチの悪い錯覚です。前世で私が王様であろうと奴隷であろうと、そんなことはどうでもいいのです。私の述べていることに納得がいったなら真理として信じてください。『そんなバカな』と思うのなら拒否してください。それでいいのです」

その人にとって価値ある言葉はどこに用意されているかわからない。時には幼い子どもやモウロクし始めたお年寄りの口を借りて発せられることもあるだろう。大嫌いな人や見下している人から美しい言葉が飛び出すことだってあるかもしれない。あたかもちゃんと魂で、心で学び取っているかを試すかのように。

誰が言ったかは問題ではない。放たれた言葉が光を放つ。私の中はそんな言葉でいっぱいだ。


私は多くの霊能者と触れ合ううち、霊能者がコンタクトを取りやすい存在がそれぞれ異なること、得意とする分野がそれぞれ違うことを学んでいった。

　霊能者はラジオに似ている。

　霊的存在が放つ波動にチャンネルを合わせてメッセージを伝えるところが、周波数をキャッチして番組を放送するラジオに似ているのだが、霊能者のほうは本当のラジオのようにどんな周波数でもキャッチできるわけではない。その能力によって得意・不得意がある。

　石や花と波長を合わせるのが得意な人もいれば、動物専門もいる。背後霊から言葉を受け取る人もいれば、自然霊の傀儡《かいらい》となって当てモノを得意とする人もいる。

　母は北海道の別荘の霊現象がピークの頃に、霊能者の宜保愛子さんとお話しする機会があったが、北海道の怪異現象を伝えても宜保さんは、

「そうなんですか？」

　と驚くばかりだったと聞く。

　だからといって宜保さんが北海道の霊現象を否定していたわけではない。あくまでも「私の霊能力では見えません」というものだった。

　私はそれを聞いて、宜保さんという方は正直な方だなと思った。

心霊の世界は広大で、人の能力にも限界もある。賢い霊能者は自分が知っていることが霊界のほんの一部分でしかないことを認識していて、だから謙虚である。

「もしかしたら自分がそういう分野に疎いだけなのかもしれない」

そう考えたらほかの霊能者の霊視を「インチキだ」と言下に否定もできなくなってくる。

一方、インチキと呼ばれる人に限って傲慢で尊大だ。

「自分はすべてを見通すことができる。自分は神である」とうたう霊能者は怪しい。すべてを見通すどころか、人が立ち入ってはならない領域（神域）もあるからだ。神は人がすべてを解き明かすことを許してはいない。

尚さんの話である。

ある時彼女は、

「人間が魂の行をしなければならないとすれば、そのとっかかりの問題があったはずだ。それはなんなんだろう」

と考えて「人間の魂の最初の業」に向かって霊視を試みたことがあるという。するとすぐさま高位の存在が立ちふさがったそうだ。その存在は、

「その領域に立ち入ることはまかりならん」

と言ったという。

彼女はうっかり神域とされる分野に立ち入ってしまったのだ。

そもそもが神は、その御名を私たちに明かすことさえ許してはいないのである。

神の領域を侵すなかれ

キリスト教において、全知全能の神のことを「ヤハヴェ」と呼ぶ。

これは大元になったヘブライ語の「ヨッド　ヘー　ヴァウ　ヘー」から来ている。

聖書は元はヘブライ語で書かれていた。それがギリシャ語に訳され、さらにラテン語に、ラテン語からドイツ語、英語と変遷して世に広まっていった。「ヨッド　ヘー　ヴァウ　ヘー」は英語表記では「ＹＨＶＨ」となる。そのまま読んでみればわかるはずだ。すべて子音なので声に出すことができない。大本のヘブライ語が母音の表記法を持たなかったため、翻訳される時も子音表記のまま伝わっていったのである。

大昔にはきっとあったであろう神の正しい読み方は、古代ヘブライ語が廃れていく過程で消えてしまった。「ヨッド　ヘー　ヴァウ　ヘー」という読みはあくまでも長年の研究から来る憶測に過ぎない。

そうした中で私が面白く感じた伝説がある。古いカバラ学者の逸話だ。

カバラとは、聖書に書かれた文字の連なりを暗号として解読し、さらに深く聖書の真意をくみ取ろうとする学問である。単語を足し算してみたり（ヘブライ語はアルファベットが数字に対応しているので数字に置き換えることができる）、単語の頭文字を組み合わせて新たな言葉を見つけ出したり、単語の文字を置き換えて別の意味を探し出したりするのだ。

その解読方法を使って、ひとりのカバラ学者が神の名前を探り当てようと試みた。そうして膨大な時間と労力の果て、彼はついにひとつの名にたどり着いたのだ。彼は声に出してその名を読み上げようとした。するとにわかに高位の存在が彼に命じたのである。

「神の名を呼んではならない！」

彼は見つけ出した名前を封印した。

伝説にしか過ぎないが、私はこの話に妙な生々しさを覚える。「神の名を呼ぶ」という行為の中に、カバラ学者の、本人も気づいていないだろうかすかな傲慢を感じるのだ。神という存在がなにかといえば、それは最も高い波動なのである。波動は魂で感じ、受け取るもの。そこに名前など必要あるだろうか。

「神様が指導する霊能者は人を脅すようなことは絶対言いません。低級な霊に支配されている霊能者に限って尊大です。後ろにいる存在が神のように扱われることを望んでいるからなんですね」

尚さんはそう言う。

「『こうしなければ不幸になる』とか、『こうすればいいことがある』とか、ちゃんとした霊能者はそんなアドバイスはまずしません。寄り添うところから始まるんです。ましてや高額の謝礼を要求するなんてことは絶対してはいけない。いただいた力を使って自分がぜいたくをするなんて傲慢の極みだと思います」

魂の世界が、金や物といった物質的なことに価値を見いださないことぐらい、真の霊能者なら知っているはずなのだ。だから霊的救済に高額な金額を吹っかけてくる時点で、そのやからは「神性」からはほど遠いということがわかる。そんな霊能者にはその程度の波動にふさわしい「法則」が動き出す。相談者を高次元へ導こうという高位の霊は退いて、その価値観に合った霊が「指導」をするようになるのだ。

次第にどうでもいいことばかり言い当てるようになる。霊能力は、元は「人を導く」ことを使命として与えられたものだ。使命感が薄れていけば力も微弱になり、やがては消える。

霊能者も人である以上、成長したり、停滞したり、後退したりを繰り返しているのだ。しかし後退した傲慢な意識に低級な霊がつけ込んでしまうと、霊能者は元々が霊媒体質なので同化してしまう。そうなるともう元に戻るのはむずかしい。その人を聖人のようにとらえている信者がいれば、彼らもまたそのまま引きずられていく。

波動の法則が霊道を作るように、低い波動は信者の間に広がり、低次元のエネルギー集団と化す。

だから人が真理の答えを握っていると信じるのは危険なのだ。

かつて私は龍神と出会った。その意味とは

この本の最後に、私が経験した中でも最も大きく、深い意味を持った出来事を書こうと思う。

2001年の11月19日の未明のこと、しし座流星群が地球に降り注いだ。ピークは夜中の3時頃からだったと思う。私は寝ないで起きていて、時間が来ると夫と小学生の娘を起こし、3人で自宅のベランダに並んだ。

流星は東の空のほうがよく見えると聞いていたのでそちらを見上げていたのだが、千切れ雲ばかりが流れてきた。上空はかなり風が強いようで、雲の流れは切れ目がない。空が見えないから当然星も見えない。

「いったいいつまでこの千切れ雲は続くんだ」

と、雲が流れてくる上流の西の空に顔を向けた時だ。天頂に近い空に、真っ白い、線香の煙を思わせるスラリとした雲が浮かんでいた。煙といってもユラユラ揺らめいているわけではない。引き伸ばしたバネのような、間延びしたS字形のままじっとし

ていた。

その白さが不思議だった。夜の雲だ。真っ白のわけがないのである。夜の雲はたいてい闇を吸って銀ねず色なのだ。

「ねぇ、あの雲、なんかヘンじゃない？」

私は夫に言った。

夫も見上げてけげんな顔をした。

「龍に似てるね」

そう言おうとした瞬間、いきなり雲が動き出した。

私たちが見ている前で雲はS字を解いて伸び上がった。それはうつむいていた顔を天に向けたように見えた。

「あれ、龍じゃないの!?」

と言ったと思う。

夫は答えなかったと思う。

私たちの前で、純白の龍は夜空を昇り始めた。空の高みに向かって長い身を上下にくねらせ、力強くかき昇っていくのを私たちはあっけに取られて見守った。

「見てる!?　龍だよね！　あれ、龍だよね！」

「どこ？　どこ？」

娘が聞いたが、私にも夫にも教えてやるゆとりはなかった。

やがて龍は雲の中に消えた。

私は有頂天になった。

「幽霊でもＵＦＯでもない、私は龍神を見た！」

みんなに訴えたくなった。

私の胸いっぱいに選民意識の甘い蜜が広がった。

数日後、知己の間柄の霊能者が訪ねてきたのでさっそく意見を聞いた。

「龍神様が響子さんを認めたんですよ」

とか、

「響子さんの中には神性があるんですよ」

といった答えが返ってくるのを期待していた。

ところがその人は、さえない、けげんな表情でこう言っただけだった。

「なんなんでしょうね。天変地異でもあるのかもしれませんね。龍は自然を司る神様って言いますからね」

肩透かしを食らってしまった。

夫も、師と仰ぐお寺の住職に勇んで報告したが、

「気にしなくていい。そういうのは見ないほうがいいんだ。UFOかなんかだと思ってなさい」

と、にべもない返事だったそうで、

「だって龍神だよ！　龍神が家の真上に来て見下ろしていたんだよ！」

と私はじだんだ踏んで訴えたくなったのであった。

しかし、それから18年経って私は龍神がなぜ現れたのかを理解したのである。

龍神はこう言いたかったのだ。

「どんなにつらくとも私はそばにいる」

龍神を見てから今日までのわが家は、実を言えば安らぎとは無縁の日々だった。

義理の父が多額の負債を残して亡くなったのである。ゼロが8個つく金額をすべて夫が背負うはめになった。

彼は昼も夜もなく休日返上で働いて身体を壊し、入院した。

わずかな貯金は底を突き、私は不安神経症とパニック障害になってしまった。私の父が作った借金でさんざん苦労してきた母には頼りたくなかったが、どうしようもなく泣きついたこともあった。しょっちゅう死ぬことを考えた。「神などいない」と腹を立てて、しかし、そのたびにあのしし座流星群の夜を思い出してしまうのである。

――だってお前さんはその目で見たじゃないか。お前さんたちを見下ろす龍神を。

そうすると胸がいっぱいになった。

どんなにつらくとも私たちは決して見捨てられたわけではない。絶望の中に感動が入り込んできて、形容しがたい気持ちになった。「死にたい」と思っては、「でも私は守られている」と思い直し、「どうなるんだろう」と不安になっては、「でもいつも龍神様がいてくれる」と自分を励ました。

私は悟った。あれは今日の苦しみのための神様からの合図だったのだ。

正しく、まっすぐに生きようと努めれば天は決して見放しはしない。

――どんなにつらくとも私はそばにいるから胸を張って生きなさい。

つらい時、迷う時に私は考える。

泣きながら、怒りながら、嘆きながら、けれど見守ってくださる龍神様に恥じない選択をしようと心に決める。

「霊現象について書いてみませんか」と誘われて書き始めた当初は、ただ経験した現象だけを連ねるつもりだった。

けれど書くうちに、事件の真っただ中で成長していく自分が見えてきた。

そうして本の執筆も終わりに近づいている今、私は経験したことの意味をつかみかけている。

私たちは「なぜ人は生きなくてはならないのか」を解くための暗号に囲まれているのだ。友だちのさりげないひと言に、印象的な本の一行に、ひどく傷ついた出来事、裏切りや失望や怒りの中に、「自分の魂とはなにか」を解き明かすヒントがあるのだ。

そうして知っていく。不幸からの気づきでよい方向に向かうことができた時、不幸は不幸でなくなることを。

たくさんの不幸の果てに乗り越える力を身につけた人生のほうが、ラッキーに恵まれた人生よりもはるかに実りが多いことを理解するのである。

神様は子どもの乗る自転車を支えるお父さんだ。

「離さないでね！」

自転車練習中の子どもはぐらつくハンドルを握りしめて後ろの父親に言う。

「離さないよ！」

お父さんは答える。

「絶対、離さないでね！　ちゃんと見ててよ！」

けれどお父さんは頃合いを見計らって手を緩める。

しばらく自転車はぐらつきながら走ってガシャンと横倒しになる。

「離さないでって言ったじゃんかよぉー」

子どもは真っ赤な顔をして抗議する。

「ウソついた！」

と非難する。

けれどお父さんは頓着せずに笑っている。

「でも少し自分で走ったじゃないか。父さん、ちゃんと見てたぞ。ちゃんと走ったからちょっと手を離したんだ。ちゃんと父さんは見てるんだぞ」

子どもは半泣きをこらえて自転車をまたぐ。

「偉いぞ！　だんだん上手になっている」

お父さんは声をかける。

子どもはその声に励まされて大地を蹴っては転び、転んでは自転車を立て直して、いつの間にかグラグラと、けれどひとりでこぎ出すのだ。

「お父さん、ちゃんと見てる⁉」

「見てるよ！」

「ずっと見ててよ！」

「見てるよ！」

お父さんは見ている。

神様は見ている。

その人が歯を食いしばって苦難を乗り越えるのをちゃんと見ている。

それこそ神の祝福と思う。

すべて語り尽くした後の短い「あとがき」

ちゃんとした本を書くのははじめてだった。

「1章につきおおよそ原稿用紙30枚です」と編集の方から聞いておおよその構成を考えた。

「大丈夫だろう」と思った。ところが書き出してみると予定していたネタは15枚くらいで尽きてしまうのだ。私が霊能者だったらどこかへネタ拾いの霊視の旅に出かけたのに……。けれどそんなことは到底ムリなので、自分の人生を一から思い返す。するとふと遠くのほうから映像が浮かんでくるのだ。

あ、そうだ！　こんなこともあった！

再びキーボードをたたきだす。

各章がこんな調子だった。まるで誰かがそばからアドバイスしてくれているような感じであった。


とりわけ最終章がもたらしてくれたものは大きい。私はこの章を書くことで最後の

気づきに行き着いたのである。長い間、謎に思っていたこと、

——なぜ龍神は唐突に夜空に現れたのか？

である。

最初「龍神を見たこと」を書くつもりはなかった。あまりにもすっとんきょうなエピソードではないか。幽霊は見たことがないのに龍神は見た。理屈に合わない。ウソをついていると思われるのは片腹痛いし、心の病とみなされるのは悲しすぎる。それに金銭面の問題を書くことで夫の仕事に支障が出ることも心配であった。だから頭に浮かんではいたが（というかしょっちゅう、あの晩のことは思い返していた）、目を背けてほかのエピソードを書いたのである。

ところが編集部が原稿にＮＧを出した。確かにＮＧを出された箇所は枚数稼ぎだから話が弱かった。あの晩のことを書きたいが、なんとかそれを避けよう避けようとして生み出した苦し紛れのエピソードだったのだ。

その箇所を削ると原稿用紙にして10枚ほどの空きができた。至急10枚分のエピソードをひねり出さなければならない。けれど思いつく話はどれもこれもしっくりせず、脳裏をよぎるのはしし座流星群の夜空ばかりである。

えいっ、と思って私はあの晩のことを書き出した。10枚を超過したら、もしくは届かなかったらヤメにしてほかの話を割り振ろう、と思っていたら、なんと足りない分すっぽり覆う形でできあがった。

同時に気がついた。

これは、「書け」ということだったのだ。龍神は書かれることを待っていたのである。なぜ龍が姿を現したのか、という長い疑問が回答を得た瞬間だった。

あの当時、私はモノを書くなどということはまったく考えていなかった。母の苦労を子どものころから見ていたし、執筆へのストイックな姿勢はとてもマネできるものではないとおじけづいていたからだ。

けれど、龍は見通していた。

「でもお前さんはいつか書くんだよ。神の問題を。人間の問題を。信仰の問題を。見てきたすべてを。空に浮かんでいる私を。

それはお前さんの問題であってお前さんだけの問題じゃない。書くことで、読む者の問題となる。同時に私を見るのはお前さんだけではなくなる。お前さんを通して皆が私を見上げるのだ」

あの龍は私の前に姿を現したわけではないのである。この本を読んでいるすべての読者に、「私はいつもあなたのそばにいる」と伝えに現れたのだ。

尚さんはこの本について、

「響子さんは書かされていますね」

と言った。確かに行き詰まるたびに忘れ去っていた記憶がよみがえってきた現象はそうとしか思えない。「書け」と命じた存在は、この本で果たして満足してくれただろうか。


私は読んでくださった皆さんの心の中に卵が産まれていたらいいな、と思う。小さな卵――なにがかえるかは人それぞれでわからない。自分の直らないクセや神についての考察かもしれないし、「よしやってやるぞ!」というパワーや、抱えている問題に立ち向かう姿勢かもしれない。人それぞれだけれど、考え、感じることで卵はどんどんあたたまっていく。やがてある日、かわいいひなが産まれるのだ。ひなはおぼつかない足取りでヨチヨチ歩き出す。行く先は、その人が歩むべき新しい道である。

最後にこの本を出版する機会を与えてくださった廣済堂出版に心からのお礼を申し上げたい。

動かない私を動かしてくれてありがとうございました。

そしていつも私を励まし、支えてくれた尚さん。彼女の尽力がなければこの本は完成しなかった。ともすればすぐにくじける私にはさぞかし手を焼いたと思う。

本当にありがとう！


今でも空を見上げる。あの純白のS字形がこちらを見ながら浮かんでいるかもしれない、と期待する。だが、本当はわかっているのだ。もう、私は二度と龍神を見ることはない。

目にする必要はないのだから。

いつだってそばにいてくださるのだから。

令和2年3月

杉山響子

杉山響子（スギヤマ キョウコ）

1960年生まれ。玉川大学文学部卒。

母・佐藤愛子、祖父・佐藤紅緑、叔父・サトウハチローという家系に生まれるが、ものを書くことにも、読書にも関心はなかった。

子どものころ、父親が会社を倒産させ離婚。母一人子一人という環境で育つ。昼も夜もなく修行僧のように書き続ける母の背中を見て「作家にだけはなりたくない」という思いを抱く。しかし2008年、突如、不安神経症とパニック障害を発症。数か月に及ぶ症状だったが、この時に友人に筆をとることを勧められる。それをきっかけにブログ「のろ猫プーデルのひゃっぺん飯」を書き始める。

読者が増えるにつれ、次第に「書く」ということに関心が湧き、今現在はわかりやすく、かつ心に響く文章で注目を集めている。

2015年より、幼少のころから人には見えないものを視て育ったスピリチュアルカウンセラー 尚との座談会「あの世のお話会」を不定期開催。

2018年11月、初の戯曲『見えない同居人』を上演。


「どら猫プーデルの雑記帳」 https://yamaneko-podel.hatenablog.com/

物《もの》の怪《け》と龍神さんが教えてくれた大事なこと

2020年3月26日　第1版第1刷

著　者　杉山響子
発行者　後藤高志
発行所　株式会社 廣済堂出版
〒101-0052　東京都千代田区神田小川町2-3-13　M&Cビル7F
電話 03-6703-0964（編集）
03-6703-0962（販売）
Fax　03-6703-0963（販売）
振　替　00180-0-164137
URL　https://www.kosaido-pub.co.jp

印刷・製本　株式会社廣済堂
ISBN　978-4-331-52283-7　C0095